Y0-BCU-514

RAFAEL NADAL

Jaume Pujol-Galceran
y Manel Serras

RAFAEL NADAL

Crónica de un fenómeno

© 2007, 2009, Jaume Pujol-Galceran y Manel Serras
© fotografías del pliego, familia Nadal (pp. 1-4), Albert Bertran (p.3 inf),
Sergio Carmona (pp. 23, 30-32)
© de esta edición: 2007, 2009 RBA Libros, S.A.
Pérez Galdós, 36 - 08012 Barcelona
rba-libros@rba.es / www.rbalibros.com

Primera edición actualizada en bolsillo: mayo 2009
Diseño de cubierta: Opalworks

Reservados todos los derechos.
Ninguna parte de esta publicación
puede ser reproducida, almacenada
o transmitida por ningún medio
sin permiso del editor.

Ref.: OBOL239 / ISBN: 978-84-9867-514-6
Depósito legal: B-15391-2009
Fotocomposición: Víctor Igual, S. L.
Impreso por Liberduplex (Barcelona)

Si te encuentras con la victoria o la derrota, trátalas a ambas como el mismo impostor.

RUDYARD KIPLING, Premio Nobel
de Literatura, frase colgada en la pared
del vestuario de Wimbledon

PRÓLOGO

Hace algo más de quince años, cuando toda esta historia empezó, Rafael era un niño de corta edad y yo era... algo más joven. Vivíamos en un entorno familiar típicamente mallorquín, estrechamente unido. Mis padres tuvieron cinco hijos y Rafael fue su primer y único nieto durante unos cuantos años. Era un niño muy bueno, dócil y exageradamente inocente. No es necesario decir que era el juguete de la familia. Aún hoy en día, en las reuniones familiares, seguimos recordando con humor divertidas anécdotas de su niñez.

En aquella época mi hermano pequeño, Miquel Àngel, fichó por el F.C. Barcelona después de haber jugado en el Mallorca. Esto marcó la infancia de Rafael, en el sentido más llano y humilde de la palabra. Desde sus más tiernos años mostró interés por el deporte en general, pero el fútbol siempre ha sido su pasión. El fichaje de su tío propició que su afición se viera potenciada... ¡y la nuestra!, ya que nos obligaba a jugar con él partidillos de fútbol a diario, incansablemente en el sentido más amplio y literal de la palabra.

En aquella época, yo dirigía la escuela del Club de Tenis Manacor y un día vino Rafael con su padre. Tenía unos tres años, le di una raqueta y le dije que intentara golpear la pelota. Aún sigo recordando aquel momento porque me sorprendieron las maneras que mostró. Sin duda, su habilidad era innata, pero ahí se quedó el asunto y siguió con su pasión: el fútbol.

La profesión de mi hermano Miquel Àngel fue para la familia un gran entretenimiento y Rafael lo disfrutaba como un miembro más. Venía con nosotros a ver los partidos, en el campo, o en el salón de casa. Un poco más adelante empezó a entrenar con un equipo de Manacor. Tenía una ilusión y unas ganas enormes y siempre convocaba encarecidamente a todos los miembros de la familia para que fuéramos a verle jugar.

Sobre los cuatro años, empezó a venir a jugar conmigo con más asiduidad. Siempre demostró interés, ilusión, capacidad de trabajo y docilidad. Al principio, y como es natural y recomendable en un niño, todo era un juego, pura diversión. Su vitalidad y su ilusión le permitían combinar a la perfección el fútbol, el tenis, sus estudios en el colegio y los juegos con sus amigos.

Pero rápidamente empezó a destacar en el ambiente tenístico mallorquín; empezó a ganar más partidos de los esperados a una edad más temprana de lo normal. Eso hizo que, sin perder ni un ápice de su pasión por el fútbol, se fuera decantando poco a poco por el tenis hasta tomar una decisión definitiva a los trece años. Los entrenamientos y la dedicación a este deporte se fueron haciendo cada vez más intensos porque los buenos resultados nos iban alentando.

La situación privilegiada e inusual que está viviendo Rafael en la actualidad es producto de una evolución que se consigue paso a paso, escalón a escalón y, por lo tanto, no es un salto drástico. Eso no quita, sin embargo, que en muchas ocasiones establezca una comparación sobre mi relación con el mundo del tenis hace 20 años y en la actualidad y me sienta absolutamente sorprendido.

Rafael me ha arrastrado a vivir experiencias y situaciones que yo sólo había visto en televisión. Sigo recordando la época de Lendl, o Borg y aquellas finales que seguía, pegado a la pequeña pantalla. Aquel escenario y aquellos tenistas me parecían algo tan lejano y tan inimaginable que nunca se me habría ocurrido que algún día podría llegar a vivirlo como lo estoy haciendo ahora, tan de cerca. Gracias a mi sobrino puedo viajar a lugares maravillosos de todo el mundo, he vivido a través de él finales en Roland Garros y Wimbledon y, sobre todo, he podido conocer a gente interesante que me ha dado distintos puntos de vista y me ha permitido de forma positiva colmar mi curiosidad.

La lectura más importante que quiero transmitir con estas líneas es que seguramente habrá niños y algún entrenador que observen la actividad profesional de Rafael como nosotros observábamos la de Lendl, o la de Borg, o la de Sampras, o la de Moyá. Este libro refleja algunos de los métodos y los planteamientos filosóficos que nosotros utilizamos. Y voy a decir lo que es evidente. Si nosotros, Rafael y por arrastre yo mismo, estamos viviendo el éxito tenístico y el reconocimiento de la gente, los tenistas noveles y sus entrenadores también pueden alcanzarlos; de hecho, estoy convencido de que algunos de ellos lo conseguirán.

TONI NADAL

CAPÍTULO I

VOLVER A SER TENISTA

*Todos lo pasamos mal. Le veíamos deambular
por casa, triste, apagado, cuando él siempre ha
sido un chico alegre y comunicativo.*

SEBASTIÀ NADAL, padre de Rafael

El rumor del choque de las olas contra las rocas no le tranquiliza, tampoco le relaja la visión de un mar plateado y brillante como la luna que hoy baña el puerto de Porto Cristo. Nadal está ausente, triste, con la mirada perdida en las barcas que se balancean a pocos metros.

—No soporto más esta situación, es desesperante. Voy de médico en médico y no sé si podré seguir jugando. Esta situación es horrible —murmura para sí, sin muchas ganas de hacer nada, mientras la vista se le nubla y los ojos se le llenan de lágrimas.

Ni el lugar más bonito del mundo, como él dice que es Manacor, en la isla de Mallorca, le ayuda a encontrar la paz. Está irascible, se siente incómodo en su casa y no encuentra sosiego en ninguna parte. De repente, su vida ha dado un vuelco inesperado que no podía imaginar. Hoy ha salido a la calle dando un portazo, no sabe bien por qué. Estos días, cualquier cosa le sirve de excusa para enfadarse.

Deja la vista perdida en el horizonte y no sabe qué es lo que va a ocurrirle durante los próximos doce meses. Es diciembre de 2005, y su vida ha entrado en una espiral que parece no tener salida. Acaba de concluir el mejor año de su carrera profesional, ha ganado once torneos, es el segundo jugador mundial y se ha coronado por primera vez en Roland Garros; pero, sin embargo, ahora se ve amenazado por una lesión en el pie izquierdo que ningún médico acierta a resolver.

—Encontraremos la respuesta. Esto tiene solución. Podrás volver a jugar, seguro.

Ni siquiera las palabras de Ángel Ruiz Cotorro, el médico en el que siempre ha confiado, y que ahora está al frente de las operaciones en una búsqueda de diversos criterios científicos que aporten claridad, consiguen tranquilizarle. Las visitas a los doctores Josep Borrell, Ramón Viladot y Ernesto Maceira, le sirven para confirmar lo que se estaba anunciando: Nadal sufre un problema en la base del pie izquierdo. Pero el doctor Maceira insiste en que, con una plantilla bien diseñada y que modifique los apoyos, tendrá solución y mejorará su movilidad en todos los aspectos.

—Sí, pero el dolor persiste. No se resuelve el problema y ya no me creo nada. Me preocupa esta situación y no quiero ni pensar qué haré si no puedo volver a jugar a tenis. No puede ser que todo aquello por lo que he estado trabajando desde que tengo uso de razón, tanto sacrificio, tantas horas de entrenamiento, tantas ilusiones y esfuerzo físico, quede ahora enterrado por culpa de una lesión —dice. Y mientras siente que se le hunde el mundo, pregunta—: ¿Qué me pasa?

Hace sólo unos días prefirió irse de casa cuando sus padres intentaban animarle, simplemente para no hacerles sufrir.

—Todos lo pasamos mal. Le veíamos deambular por casa, triste, apagado, cuando él siempre ha sido un chico alegre y comunicativo que se ha llevado muy bien con su madre, con su hermana y conmigo. No quería que le viéramos sufrir, prefería evitarnos sus peores momentos. Por eso, tanto su madre como yo decidimos armarnos de paciencia y soportar las situaciones que se fueran creando —contará Sebastià, su padre, una vez superado el problema.

Rafael intenta encontrar fuerzas para encarar esta situación que, de repente, le ha hecho crecer; se pasea por sus rincones favoritos de Manacor, esos lugares de infancia en los que se lo pasaba tan bien con sus amigos, correteando por las calles, o con sus tíos, que lo llevaban de paseo, a pescar o a tomar el aperitivo. Pero ahora se enfrenta a la soledad, con todos los fantasmas que le atenazan, que le impiden incluso pensar con claridad y que le llevan por un camino que él mismo sabe que no es el más apropiado.

—No puedo seguir así —se dice una y otra vez.

Y se enfada aún más consigo mismo cuando piensa en la actitud que mantiene con sus seres más queridos. No puede dejar de pensar en lo mucho que debe de soportar su familia.

—Fue muy duro —recuerda su madre Ana Maria Parera—. Me daba mucha pena verle moralmente mal. Hundido. Saber el esfuerzo que desde pequeño había hecho y pensar que podía perderlo todo sin saber realmente por qué le pasaba aquello. Nos sentíamos impotentes y no sabíamos cómo ayudarle a solucionarlo. Me dolía mucho por él, no por el tenis. Jugar y hacer deporte ha sido su vida desde que empezó a gatear por casa.

En esos días sus padres se volcaron con Nadal. Le animaban a que hiciera cosas que le distrajeran para dejar de pensar en sus problemas. Le decían que tuviera paciencia y evitaban hablar demasiado de tenis o de su lesión, aunque por dentro también lo pasaban mal. Su padre llegó a decirle que dejar el tenis no era el fin del mundo.

A principios de enero de 2006 vuelve a viajar a Barcelona en busca de nuevas respuestas. Él, junto a su padre y su tío, van a reunirse en el Reial Club de Tennis Barcelona con el doctor

Cotorro, su representante Carlos Costa y Benito Pérez Barbadillo, director de comunicación de la ATP (Asociación de Tenistas Profesionales), en una cumbre para decidir si viaja a jugar el Open de Australia. El día anterior a esta reunión, Nadal ha estado peloteando en la pista 16 del centenario club catalán con el brasileño Gustavo Kuerten, triple campeón de Roland Garros, que se encuentra en Barcelona para seguir un tratamiento de recuperación de su lesión de cadera, que lo tiene apartado de las pistas desde hace tiempo y que amenaza con impedirle volver a jugar a los veintiséis años. El brasileño también sabe la desesperación e impotencia que se siente en situaciones así, cuando no se encuentran soluciones. El entrenamiento lo ha seguido Emilio Sánchez Vicario, el nuevo capitán del equipo español de Copa Davis, que también está pendiente de saber si podrá contar con Nadal para la primera eliminatoria que se disputará el mes de febrero en Bielorrusia.

Nadal aún confía en poder jugar en Australia; no quiere tirar la toalla, aunque en su entorno son más realistas y quieren solucionar definitivamente el problema del pie.

—La decisión última es tuya, pero creo que lo más prudente es que no vayas —le aconseja Toni Nadal, su tío y entrenador—. Estás bien de juego, pero antes debemos resolver el problema del pie y creo que lo mejor no es ir a Australia; en estas condiciones, es muy arriesgado jugar partidos a cinco sets. Estoy seguro de que pasarías dos o tres rondas, pero tú eres el número dos del mundo y si vas allí es para luchar por el título —añade, taxativo.

—La recuperación de la lesión es lenta y hay que ser muy cautos —le explica el doctor Cotorro.

Su opinión es compartida por los médicos que lo han visitado en las últimas semanas.

—No es una cuestión para operarte. La lesión está estabilizada, no va a empeorar. No creo que vaya a perjudicarte —le ha dicho Josep Borrell.

El ex jefe de los servicios médicos del Barça, que ha sido consultado por la amistad que le une a Miquel Àngel Nadal desde su época como jugador del club azulgrana, también ha confirmado el diagnóstico del doctor Maceira, quien lo ha visitado en Madrid y le ha hecho unas pruebas:

—Debes utilizar unas plantillas para descargar la presión en la zona afectada por los apoyos del pie. Las molestias desaparecerán.

Desde que regresó de Shangai, a mediados de noviembre de 2005, ha estado realizando todo el trabajo de recuperación en la piscina municipal de Manacor: sesiones de cinco y seis horas diarias en el agua para impedir los impactos y preservar las articulaciones. En las últimas semanas ya ha iniciado ejercicios de velocidad y reacción —ya en acción, aunque con suavidad— en la pista de tierra, con la única intención de que se adapte al cambio de apoyos del pie que debe realizarse de forma paulatina. Pero Nadal sigue sintiendo molestias en su pie.

La reunión en el RCT Barcelona acaba con un golpe en la mesa y una decisión drástica:

—Está bien, no voy a Australia; pero vamos a Portland para solucionar de una vez el problema de las zapatillas —dice Nadal, harto de una situación que no parece tener final. Ha vivido ya demasiados disgustos como para no hacer todo lo que esté en su mano para resolver el asunto.

Los estudios antropomórficos para materializar el diseño de las plantillas especiales que deberá utilizar Nadal los ha realizado el podólogo Martín Rueda, uno de los mejores especialistas mundiales, en el CAR de Sant Cugat.

—Se trata de aliviar la zona habitual de apoyos de la zona afectada y repartirlos sobre otras articulaciones —ha explicado el podólogo.

El problema es que las plantillas son muy altas y Nike le está enviando desde hace semanas unas zapatillas que no se ajustan bien.

—Está inseguro, se le sale el pie —dice su padre.

Carlos Costa se encarga de hablar por teléfono ese mismo día para tratar de que les reciban los responsables del laboratorio de diseño e investigación de la marca, en Portland.

—No hay problema —le responde Albert Baronet, director de marketing de la firma estadounidense en España.

La agencia Viajes Manacor emite los billetes. El viaje relámpago se realiza de inmediato. Apenas emplearán treinta y seis horas entre ir y volver. En el avión, Nadal está convencido de que los técnicos de la firma se volcarán con ellos para solucionar el problema. Con los dedos cruzados, siente renacer sus esperanzas de ver la luz al final del túnel. Entretanto, sobrevolando el océano, rememora cómo comenzó toda la pesadilla, la lesión, el dolor, la decepción por verse obligado a retirarse del torneo... los momentos más duros de su carrera deportiva.

Fue en octubre de 2005, durante el Masters Series de Madrid, cuando empezó a sentir dolores en el pie izquierdo. Desde entonces, ha vivido un auténtico calvario y situaciones inverosímiles. Ganó en Madrid, tras eliminar a jugadores importantes en su camino, y salvando un partido que tenía prácticamente perdido con dos sets abajo en la final contra el croata Ivan Ljubicic. Allí volvió a sufrir, pero supo resistir el dolor en el pie y en las rodillas. Se armó de valor para mantenerse en la pista durante las más de tres horas que duró el partido. Lo consiguió, pero no se imaginaba que las consecuencias serían tan caras.

Cuando entró en el vestuario, el doctor Cotorro le sacó la venda protectora del pie y vio varias zonas afectadas. El dolor le había obligado a modificar la dinámica habitual de movimientos y, al cambiar los apoyos, no sólo las rodillas estaban sufriendo mucho más de lo habitual, sino que en algunas partes del pie la piel se estaba desgarrando. Tenía varias ampollas y en la parte lateral frontal del pie derecho incluso aparecían algunas pequeñas manchas de sangre.

No tardó en preguntarse si aquel sobreesfuerzo habría acabado por perjudicarle aún más. Pero en aquellos momentos le daba igual.

—Lo que no voy a hacer nunca es estar en una pista de tenis sin dar todo lo que tengo dentro. Eso jamás. Y la satisfacción que sentí cuando acabé ganando la final a Ljubicic, con la pista completamente llena y todo el público animándome, coreando mi nombre, es algo imborrable. Ahora mismo lo repetiría, sin importarme las posibles consecuencias. Además, el problema no fue jugar en Madrid. Hacía ya tiempo que arrastraba estas molestias en el pie y todavía ahora nadie ha sido capaz de darme una solución que me permita jugar sin sentir dolor. Ya no sé qué más hacer. Tengo dudas.

Pero sin tiempo para despejarlas, un nuevo reto se le planteó con fuerza: la Copa Masters de Shangai. No quería perderse la ocasión de jugar allí. Después de la final del torneo de Madrid, Nadal no había vuelto a disputar ningún torneo más. Pero el viaje a la *Ciudad del Océano* —traducción literal del nombre de la capital económica de China— era una tentación demasiado grande como para desperdiciarla. Nadal quería ir a toda costa. Así que, una semana antes del torneo, volvió a entrenarse en Mallorca y vislumbró una posibilidad. El dolor en el pie persistía, pero era soportable. Y Ángel Cotorro le animaba a intentarlo, afirmando que jugar no dependía de la lesión, ya que, en este sentido, no empeoraría. Era la primera vez que Nadal se clasificaba entre los ocho primeros del mundo. Estaba ilusionado con aquella cita. Y decidió intentarlo.

Viajó a Shangai directamente desde Barcelona con la compañía Air Europa, una empresa mallorquina que inauguraba esa nueva línea y con la que había llegado a un acuerdo puntual.

Se fue acompañado de Toni y su preparador Juanan Martorell, el equipo habitual al que en esta ocasión se añadió su amigo y también tenista Tomeu Salvà. Sus padres, Ana Maria y Sebastià, que se habían marchado de vacaciones a Vietnam con unos amigos, se unirían a la expedición en Shangai. Aunque ya conocían China, el Masters era para todos una experiencia nueva.

A su llegada a China les esperaba Benito Pérez Barbadillo. «Vas a tener un poquito de trabajo», le dijo el responsable de comunicación de la ATP sólo contactar con él en el aeropuerto. De este modo, y junto a Carlos Costa, comenzaron a planificar la apretada agenda.

La presencia de Nadal en Shangai despertó pasiones. Fue el rey, por encima incluso de Roger Federer, el número uno del mundo, el mejor en la pista, pero un personaje más frío y hermético, al que le costaba exteriorizar sus sentimientos. «Hay un componente de identificación contigo que no existe con Federer», le dijo Pérez Barbadillo. «Te ven más como ellos, con pasión, con garra, demostrando lo que sientes y mostrándote muy cercano a todo el mundo.»

Esta reflexión se hizo evidente cuando Nadal apareció por el impresionante Qi Zhong Stadium que la ciudad había construido para la disputa del torneo de tenis hasta el 2008. Este estadio es un moderno pabellón con capacidad para diez mil personas que, desde fuera, se asemeja a una gigantesca nave espacial, y cuya característica arquitectónica más singular es un techo poliédrico en forma de siete pétalos de magnolia que se abre y se cierra en tan sólo ocho minutos.

—Quiero jugar aquí —dijo Nadal al ver el espectacular edificio ante sus ojos.

El interior todavía era más impactante. Los tenistas disponían de vestuarios personalizados. Uno para cada uno de ellos; espaciosos, sin grandes lujos, pero bien equipados: un televisor digital con una enorme pantalla plana, una nevera, un par de sofás, un amplio baño y, al lado, una habitación para los masajes y el cuidado físico. No faltaba nada.

En el hotel Hilton, donde se alojaban todos los jugadores, Nadal se encontró con la sorpresa de que toda la ropa de baño y de cama de su suite llevaba bordado su nombre. Cada uno de los participantes tenía a su disposición un Mercedes con chofer para desplazarse donde quisiera y a la hora que fuese. Los colmaron con unas atenciones que nunca antes habían recibido. Pero todo aquello era superfluo para él; lo que de verdad le hacía feliz a Nadal fue que, durante esos días, por primera vez en muchos meses, volvía a sentirse un jugador de tenis.

Así pues, enfundado en sus pantalones pirata, con la camiseta verde ajustada y sin mangas que Nike le había diseñado especialmente para él, se vendó los pies, se calzó las zapatillas, cogió su bolsa de raquetas Babolat y, siguiendo su particular costumbre, Nadal se animó él solo:

—¡Vamos, puedo hacerlo!

Acto seguido, salió del vestuario acompañado por su tío, Costa y Benito. Se dirigieron hacia la pista, una moqueta muy rápida que no le beneficiaba en nada y de la que todos los tenistas se habían quejado. Pegó las primeras bolas y parecía sentirse cómodo y bien en ese primer contacto. No forzó nada. Simplemente, comprobaba que sus golpes seguían ahí, que fluían sin problema de su raqueta.

Al día siguiente, jueves, volvió a probar pero con un poco más de intensidad. No se encontraba mal, pero cuando intentaba correr, frenar bruscamente para rectificar su trayectoria, o forzar su musculatura, notaba cada vez un ligero dolor en su pie izquierdo. Al poco rato, descubrió que en el empeine le había salido un pequeño bulto preocupante y decidió hablar con el doctor Cotorro que, desde Barcelona, le pidió que se hiciera unas pruebas y se las enviara por Internet para intentar averiguar cuál era el problema.

—Esto no va bien —le dijo Toni Nadal, quien ya no era partidario de que jugara la Copa Masters.

Sin embargo, optaron por hacer una última prueba en serio al día siguiente. Al terminar, su tío sacó conclusiones definitivas.

—Las molestias en el pie persisten —le dijo—. No estás en tus mejores condiciones y debes enfrentarte a los siete mejores del mundo en una superficie que es la que peor te va. Yo creo que no deberías participar. Sería mejor marcharnos a Manacor y comenzar a preparar bien la próxima temporada y especialmente los meses de tierra batida.

A Rafael se le hundió el mundo, pero hizo caso a su tío. Lo anunció poco antes de entrar en la pista a jugar su primer partido del torneo contra el argentino Gastón Gaudio.

—He hecho todo lo que he podido para intentar jugar, pero no ha podido ser —se excusó ante los aficionados, vestido ya de calle, desde el centro de la pista del Qi Zhong Stadium—. Lo siento mucho, pero la inflamación no ha bajado y me duele mucho.

«El paciente presenta dolor en la sección del ligamento peroneo astragalino anterior del pie izquierdo», decía el parte médico, la baja oficial de la ATP que firmó el doctor Cotorro desde Barcelona.

—No he visto todas las pruebas, pero por lo que me ha dicho Rafa y los médicos del torneo, las molestias desaconsejaban que jugase. El dolor es un índice de alarma y no tenía sentido arriesgar. Cuando vi a Nadal la semana pasada, las molestias estaban dentro de lo normal; pero en estos días ha evolucionado a peor —valoró Cotorro.

La ilusión de Rafael se desvanecía de nuevo.

—No puede ser —se repitió, abatido.

El esfuerzo había sido en vano.

Nadal contuvo su malhumor como buenamente le fue posible cuando, aquella tarde, acudió a una sesión de firma de autógrafos que le había programado el ATP Tour. Al contrario, viéndole, nadie hubiera dicho que se había llevado el disgusto más duro desde que jugaba a tenis.

Cuando salió del pabellón para sentarse en una mesa controlada completamente por los guardias de seguridad, aquello pareció desbocarse. Miles de aficionados se abalanzaron sobre él, mientras los policías intentaban controlar aquella locura formando un cordón humano con sus brazos. La cola de gente alcanzaba más de quinientos metros cuando Nadal empezó a firmar autógrafos. Allí había miles de chinos esperando su rúbrica. Uno a uno, fueron pasando por delante de Rafael que, armado de paciencia, hizo lo que pudo para contentar a tantas personas. Todos le miraban como si fuera un dios al que adorar. «¡No, otro!», ordenó un policía a un aficionado que pretendía que Nadal le firmara una camiseta además del póster que llevaba. Se lo sacó de encima con un tirón y le empujó fuera del escenario. La policía se mostraba omnipresente y actuó con contundencia, impidiendo que muchos aficionados pudieran hacerse una foto con el tenista. Daba la impresión de que, si alguien se desmadraba, sabía muy bien lo que le esperaba.

Nadal continuó firmando estoicamente hasta que Pérez Barbadillo le dijo basta. Entonces, se levantó y desapareció de aquel escenario, dejando la decepción reflejada en la cara de los miles de aficionados que todavía esperaban un autógrafo pero nunca obtendrían su botín.

No obstante, para Rafael la jornada no había concluido. Prosiguieron los actos sociales. Ahora debía acudir a los *stands* de varios patrocinadores del torneo, donde le esperaban de nuevo muchos aficionados, esta vez más sofisticados, invitados especialmente por las marcas para tener un contacto directo con el jugador. Como una marioneta teledirigida, Nadal entró en las distintas salas, fue agasajado, se hizo mil fotos sin rechistar, sonrió y firmó de nuevo cientos de autógrafos. Todos le agradecían su presencia y esfuerzo. Nadal fue el único de los tenistas que se excusó públicamente por su retirada en la misma pista del pabellón. Además de él, aquel día también renunció el estadounidense Andre Agassi tras perder su primer partido del torneo. Eran dos bajas vitales a las que habría que añadir las de Lleyton Hewitt, Andy Roddick y Marat Safin, que ya no se habían presentado en Shangai para decepción de los aficionados y del máximo promotor del torneo, Lin Qu Guan, que no ocultaba su enfado.

—Tengo la sensación de que me han vendido un Mercedes y que el 60 % de las piezas no son originales —se quejó el multimillonario promotor chino.

Cuando Nadal acabó con su agenda de actos sociales, eran ya las seis de la tarde del domingo 14 de noviembre de 2005 y un par de horas más tarde debía coger el vuelo de regreso a España. Sin embargo, se sentó tranquilamente con la prensa española para explicarles sus sensaciones y sentimientos. Eran una veintena, entre enviados especiales de periódicos, revistas, radios y televisión. La mayoría de ellos desplazados hasta Shangai por sus medios de comunicación sólo para seguir la estela informativa del año espectacular de un tenista que había vuelto a despertar el interés general por el tenis en España. Ante todos ellos, evitó mostrar el momento de insatisfacción que vivía y aseguró que había tenido una temporada que no hubiera podido ni soñar, a pesar del final. Y admitió que posiblemente había pagado el esfuerzo de haber ido al límite.

—Cuando subes tan rápido, es difícil elegir ni planificar nada. El próximo año será. Quizás habrá que sacrificar algún torneo y elegir los que me permitan ser mejor jugador. Se trata de hacer una inversión de futuro. Quiero jugar con más tranquilidad y sin tanto desgaste físico —explicó.

Mientras, sus familiares esperaban en el *hall* del hotel para tomar el coche oficial que debía de conducirles al aeropuerto de Shangai. No obstante, la odisea no acabó allí; su vuelo había sido cancelado y tuvo que esperar casi cuatro horas para ser recolocado en un avión de China Airlines en dirección a París, desde donde por fin pudo volar a Barcelona y de allí a Mallorca.

Cuando aterrizó en el aeropuerto de Son Sant Joan, más hundido por la situación que por el maratoniano regreso de vuelta, presintió que lo peor estaba aún por llegar.

—Debo acabar con todo esto —se dijo.

Nadal no vislumbraba ninguna puerta de salida, ninguna luz en el túnel en el que había entrado. Y buscó refugio en el pasado, en los momentos felices que había vivido junto a la familia, para ratificar su propia personalidad y reencontrarse consigo mismo. Entonces, por su mente aparecieron recuerdos de antaño cuando, aún no cumplidos los siete años, era el juguete preferido de todos sus tíos y especialmente de Toni, la persona que había sido su guía infatigable y quien más le había ayudado a convertirse en lo que era, un tenista profesional.

Se vio corriendo de un lado a otro de la casa, perseguido por Miquel Àngel, hasta encontrar los brazos de su madre para refugiarse. Y entonces todos estallaban en una gran carcajada. Se querían. Eran una familia y seguirían siéndolo. Daba lo mismo lo que el futuro les deparara.

—Rafa, voy a convertirte en invisible.

Era su tío Toni, el segundo de los cinco hermanos y a quien le encantaban los niños. Hacía ya tiempo que le estaba convenciendo de que poseía poderes mágicos y que, gracias a ellos, podía lograr cosas inverosímiles. Movió las manos, tocó a Rafael y le fue haciendo «desaparecer» hasta que él se sintió completamente invisible.

—Ahora ya nadie te ve, puedes hacer lo que te dé la gana —le susurró al oído.

A continuación, Rafael se dirigió a Miquel Àngel, el futbolista internacional de la selección de España y jugador del Barcelona, y le dijo «¡Hola!», le cogió por el brazo, se lo zarandeó, pero su tío le ignoró por completo y, haciéndose el distraído, sólo preguntó al resto de la familia:

—¿Alguien me está tirando del brazo?, porque yo no veo a nadie por aquí...

Entonces, ya absolutamente confiado, Rafa se dirigió hacia su padre y, llevándose el pulgar a la nariz y agitando todos los dedos de la mano, le hizo una mueca de burla.

—Pero, ¿dónde se ha metido Rafael? —preguntó Sebastià, fingiendo preocupación—. ¡Rafael, vuelve ya! ¿Dónde estás?

Y él se rió, se sentía realmente invisible y de esta forma aumentaba la confianza en su tío Toni, el hombre capaz de conseguirlo todo.

Ahora, al revivir estos momentos, se ponía las manos a la cabeza y esbozaba una sonrisa irónica y de incredulidad pensando en todo lo que hizo en aquella época. La recordaba con cariño, incluso con emoción. «Me lo creía todo», se dice. «Tal vez era un poco iluso, pero ¡qué bien me lo pasaba!».

En otro episodio del pasado, rememoró aquella historia que Toni se había inventado en la que era un gran jugador de la liga italiana de fútbol.

—Sí —le había contado su tío con aires de ilustre legendario—, hubo un tiempo en que fui un gran futbolista. Me llamaban *Natali* y siempre estaba a punto para marcar un gol. Los mejores equipos de la liga italiana se me rifaban, todos me querían fichar. Pero a mí sólo me interesaban los más grandes. Era un gran goleador...

Rafael le escuchaba embelesado, admirado de la calidad de su tío, hasta el punto de que cuando él, Toni y su otros tíos Miquel Àngel y Rafael jugaban a fútbol en el garaje de casa de sus abuelos en Manacor, siempre elegía como compañero de equipo a Toni porque le creía mucho mejor futbolista que el defensa del Barcelona y de la selección española.

—Sin embargo, llegó un día en que las cosas comenzaron a salirme mal —había proseguido Toni con su relato—. Y entonces, todo el clamor que despertaba en los campos de fútbol se convirtió en silbidos y gritos de desprecio. La gente ya no me quería. Un día en el que estaba en el túnel de vestuarios a punto de saltar al campo, vislumbré una gran pancarta a lo lejos. No la veía entera, pero lo que podía leer me ilusionaba: «*Natali*, te queremos...». Parecía que las cosas volvían a arreglarse, pero el túnel me tapaba una parte de la pancarta. Y cuando saltamos al terreno de juego, la vi completa. El mundo se me cayó encima. Decía: «*Natali*, te queremos matar». Aquello no podía seguir. Y decidí abandonar el fútbol y regresar a Mallorca.

A Rafael, con diecinueve años en estos momentos, se le endulzaba la mirada mientras una lágrima caía por sus ojos al pensar en todas aquellas historias que le hacían soñar cada noche y que se creía a pies juntillas.

—¿Era tonto o simplemente demasiado imaginativo? —se dice al recordar todo aquello.

No obstante, su tío Toni se lo ponía realmente difícil. Sus historias eran muy trabajadas, elaboradas hasta los últimos detalles para que fueran creíbles para un niño soñador que le había convertido en un auténtico ídolo.

—Una vez, vinieron a Manacor varios jugadores del Barcelona para celebrar una efeméride de Miquel Àngel —explica Toni en la actualidad—. Entonces le dije a Txiki Begiristain que me saludara como si se acordara de mis tiempos en la liga italiana.

Rafael estaba muy cerca cuando Txiki golpeó la espalda de su tío como si fueran viejos amigos de toda la vida y le dijo:

—Hombre, *Natali*, ¿todavía estás jugando en Italia?

—No, ya lo he dejado.

—Lástima, porque aún me acuerdo de algunos de tus partidos. ¡Qué bueno eras!

Y Rafael les miraba plantado delante de ambos, con la boca abierta.

—Me lo creía, pensé que todo era cierto; y aquello me lo corroboraba —dice, al recordarlo—. ¡Qué pasada! ¡Cómo se lo montaba Toni! Y yo, picando como un idiota. Pero ¡qué bien me lo pasaba!

Aún ahora le cuesta comprender cómo Toni podía adivinar siempre lo que quería para comer y tenerlo preparado. «Parecía un mago de verdad, con poderes ilimitados», rememora.

—A ver, Rafael, ¿qué quieres hoy para comer?

—Gambas a la plancha —respondía él.

Entonces, acto seguido, su tío le decía a la abuela de Rafa:

—Mamá, saca las gambas de la nevera.

Y claro, ahí estaban, recién traídas del puerto. Pero no por arte de magia, sino simplemente porque Toni sabía a la perfección cuál iba a ser la respuesta de su sobrino.

—Era su comida favorita. Pero se quedaba boquiabierto...

Sus pensamientos y recuerdos le trasladaron a continuación a sus primeros pasos en el mundo del tenis. De niño, Rafael siempre había sido un buen jugador de fútbol. En una liga alevín llegó a marcar más de un centenar de goles. Se le daba bien y hubiera podido dedicarse de lleno a aquel deporte... a no ser porque Toni le fue encaminando hacia el tenis y acabó gustándole tanto o más que el fútbol. Sus tres tíos estaban pendientes de la evolución de Rafael porque le veían como un portento físico capaz de alcanzar un gran nivel en cualquier modalidad que decidiera practicar. No querían atosigarle y nadie tensaba la cuerda, esperando el mejor momento para tomar una decisión sobre su futuro.

Hablaban entre ellos muchas veces de todos estos temas; incluso con el cabeza de familia, el abuelo Rafael. En aquellos días, el *padrí*, como se llama cariñosamente a los abuelos en Baleares, recordaba cuando él tuvo que tomar una decisión parecida para seguir su carrera de director de orquesta. Tenía un gran talento y sus profesores le animaban a marcharse de Manacor para explotarlo. Años después, dirigió una vez al tenor Alfredo Krauss así como a otras figuras importantes del mundo de la ópera, cuando visitaron Mallorca; pero en aquellos momentos prefirió quedarse en Manacor y formar la familia que ahora tan orgulloso le hacía sentir tanto a él como a su mujer Isabel.

Para su nieto, sin embargo, la decisión llegó un poco por sí sola. Hubo varios factores que resultaron determinantes. El primero, porque Rafael veía que estaba alcanzando un buen nivel de tenis que le permitía ganar partidos y torneos; a los doce años era ya campeón de Europa y de España. El segundo, porque en esa misma época, en el Olímpic de Manacor —su equipo de fútbol de toda la vida—, el entrenador que había entonces no quería que sus jugadores practicaran otros deportes. Lo tomaba tan a rajatabla que, cuando sabía que Nadal venía de jugar un partido de tenis, lo dejaba en el banquillo de suplente. Y el tercer factor lo provocó directamente su padre, Sebastià, quien al ver la situación le dijo:

—Decídete por una cosa o la otra, todo no se puede hacer.

Y Rafael eligió.

—Prefiero jugar a tenis —les dijo.

Cuando todo esto ocurrió, una parte importante del camino ya estaba hecha. Sebastià siempre había confiado en Toni —por aquella época entrenador de tenis en el CT Manacor— para formar a su hijo no sólo como tenista sino también en el ámbito humano. Y Toni había ido marcando el camino que debía seguir su sobrino para explotar todo su potencial. Desde los tres años, cuando cogió su primera raqueta, Toni le había estado moldeando a la espera de que llegara este momento. Y el momento llegó cuando Rafael tenía doce años; a partir de esa edad, las cosas comenzaron a ser mucho más profesionales.

—No fue una decisión que tomásemos de un día para otro y digas: «Chico, vas a ser tenista». Lo decidimos con Rafael cuando ya empezaba a destacar y tenía que ir a los torneos, primero en Baleares, luego en España y después fuera. Era una cuestión de infraestructura y yo estaba convencido de que podría ayudarle —cuenta Toni.

Durante aquella primera época, Nadal recuerda que su tío era excesivamente duro, tal y como él mismo admite. Si era necesario, estaban en la pista hasta que anocheciera. En este sentido, se mostraba inflexible y espartano.

—No se puede pretender ser campeón del mundo y sentarte a esperar, por muy bueno que seas. Hay que sacrificarse y esforzarse. Esto es vital y es mi único sistema de trabajo —declara Toni. Y así se lo decía a él.

—Rafa, jugadores con tus condiciones quizá no haya muchos en Baleares, pero sí en España, en Europa y en el resto del mundo; y para ser mejor que ellos lo que hay que hacer es trabajar más que los otros o hacerlo con más atención.

Y desde el primer día, Rafael lo hizo como le pedía su tío. Se pasaba horas y horas peloteando, trabajando sus golpes y movimientos de forma incansable. Él entonces no lo sabía, pero aquella iba a ser la base para convertirse en el deportista en el que luego se ha transformado. Entonces su físico tenía poco que ver con el de ahora, incluso era un poco enclenque. Desde los doce años, se llevó a cabo una preparación específica en la que Toni buscó la colaboración como preparador físico de Joan Forcades, profesor de Educación Física en un instituto de Pollença. Fue un trabajo intenso y sistemático, pero realizado la mayor parte en la pista, haciendo ejercicios de tenis. Se trataba de compaginar la elasticidad con la potencia muscular. En tenis es fundamental una buena base anaeróbica (cambios de ritmo muy fuertes y fuerza explosiva) y aeróbica (gran resistencia para aguantar horas de juego).

—Sus bíceps tienen mucha menos relevancia en su rendimiento de lo que la gente cree —explica Toni—. Rafael ha trabajado más que nadie en la pista, por eso tiene estos músculos, de golpear tanto la bola. Pero además de su físico, lo fundamental es su mentalidad y espíritu de superación.

En ese trabajo se buscaba el equilibrio en los apoyos, capacidad de reacción, cambios de ritmo y dirección, juego de pies;

todo dirigido a sentir la bola y conseguir la mejor coordinación. Las sesiones se trabajaban de manera integrada en la pista —dos o tres horas diarias— y en las sesiones físicas —hora y media—. Esto un día sí y otro también, incluidos los domingos o cualquier festivo.

Esa fue la razón por la que hace tres años, cuando ya era tenista profesional, sus padres le construyeron en el altillo de su casa un gimnasio. Es una sala espaciosa que ocupa todo el terrado y donde tiene dos sofás que se convierten en cama, la televisión, el equipo de música, además de una cinta de correr, una bicicleta estática y una máquina de remos para ejercitarse. Allí trabaja con el preparador físico y su fisioterapeuta y en los momentos de ocio se reúne con sus amigos, aunque últimamente, con tantos viajes, ese altillo lo utiliza más su hermana.

—Para ser bueno, al menos en tenis, hay que repetir los golpes una y mil veces hasta asimilarlos y hacer que salgan de forma mecánica, sin pensar —le decía su tío, tan exigente en la pista como fuera de ella.

Y pese a todas estas exigencias, Rafael continuó allí, obediente, disciplinado y feliz. Se pasaba todo el día en la escuela y, por la tarde, cuando concluía la jornada, se iba directamente al club de tenis mientras la mayor parte de sus amigos se iban a sus casas o a jugar por las calles de Manacor. Hasta los 10 años iba al colegio San Vicente de Paul, en Manacor y podía compaginar los estudios sin demasiados problemas. Había una profesora, Margarida Vicens, que siempre le ayudó y le dio facilidades para poder compaginar aquellos duros entrenamientos con los estudios y los exámenes. Pero luego las cosas se complicaron bastante más porque su tío decidió llevarlo a entrenar a Palma porque en Manacor no tenía rivales. Fue una época muy dura. Se tenía que despertar muy pronto porque las clases empezaban a las ocho de la mañana y no volvía hasta las diez de la noche. Su madre le preparaba bocadillos para comer. Daba las clases en la escuela Balear, un centro especial para jóvenes deportistas y luego iba a entrenar al Centro de Tecnificación de Palma de Mallorca que dirigía Jofré Porta, uno de los artífices del crecimiento del tenis en las islas Baleares y que había conseguido forjar jugadores capaces de luchar por títulos españoles de base y dar alas incluso a un tenista del calibre de Carlos Moyà.

Nadal acostumbraba a comer en el coche, y por la noche llegaba rendido a casa. Apenas veía a sus padres. A los 14 años decidieron que se quedara a dormir en Palma para evitar tantos traslados, pero ni a él ni a sus padres les gustó esa situación. Nadal se sentía solo. «Necesitaba vivir en casa, estar con nosotros, con sus tíos, con sus abuelos y con su hermana Maribel. Los dos siempre lo han compartido todo y se han llevado muy bien. Rafael le confiesa muchas veces a ella cosas que nosotros ni sabemos», cuenta su madre. Así que su tío optó, de acuerdo con la familia, entrenarle fijo en Manacor.

Recordando esta época, Rafael todavía era capaz de rememorar algunos episodios que fueron marcando el camino en el que aún hoy se encuentra.

—Toda aquella etapa fue muy dura. Muchas veces hubiera preferido no ir a entrenar, perderme con mis amigos. Pero no me gustaban las consecuencias. No es que temiera a mi tío, pero sabía que él hacía un sacrificio importante enseñándome porque creía en mí. Hacíamos largos peloteos, me explicaba las cosas, perfeccionábamos cada golpe; miles de repeticiones para mecanizarlos, el *drive*, el revés, el saque... Trabajábamos el aspecto físico para mejorar la movilidad.

Y si las cosas no salían, Toni insistía hasta conseguir lo que buscaba.

—Esto del tenis, Rafael, es como la escuela —le explicaba—. Si vas flojo en matemáticas, hay que hacer problemas hasta que te salgan. No hay otro secreto.

Nadal se ejercitaba con pelotas gigantes, planchas deformables, monopatines y unas plataformas vibratorias para desarrollar la fuerza explosiva y el equilibrio; una preparación meticulosa que acabaría siendo fundamental para desarrollar un juego que, en la actualidad, le permite ganar puntos en situaciones increíbles cuando otros ya los dan por perdidos.

—Era duro, pero a mí me gustaba. Siempre me ha gustado entrenar y en este sentido mi tío me ha hecho ser muy exigente. Nunca me rindo cuando las cosas no salen.

Pensando en todo aquello, le venían a la cabeza los guiños que le hacía su tío para compensarle por el trabajo realizado. Sin embargo, también recordaba que muchas veces acudía a los entrenamientos intimidado por la seriedad que imponía Toni a todas las cosas que estaban haciendo. El tratamiento era de profesional, todo iba dirigido a abrir la posibilidad de que, en el futuro, pudiera convertirse en tenista profesional.

Recordaba el día en que Toni se planteó que dejara de jugar el *drive* a dos manos porque sabía que aquel golpe no tenía futuro en el tenis actual.

Nadal tenía nueve años y su tío le dijo muy serio:

—Sólo conozco a un jugador de nivel, Fabrice Santoro, que juegue los dos golpes a dos manos. No hay ningún número uno que lo haga. Y es difícil que tú vayas a ser el primero.

Y fue también en esa época cuando ambos decidieron que jugara con la izquierda porque también chutaba con el pie izquierdo cuando jugaba al fútbol, aunque las cosas más funcionales como escribir o comer las hacía siempre con la derecha.

—Me pareció que era su lado más natural —explica Toni. Y con ironía, añade—: Le hice sacar varias veces con la derecha y con la izquierda y la verdad es que con las dos manos lo hacía igual de mal, por tanto nos decidimos por la izquierda.

Desde el principio quedó claro que todas las decisiones que concernían al tenis las tomaría Toni; y que los aspectos más económicos, comerciales y empresariales, los llevaría directamente Sebastià, su padre. El ambiente familiar, la estructura piramidal encabezada por la autoridad del abuelo, Rafael, daba seguridad a un Rafa cada vez más identificado con su tío Toni. Creía en él a ciegas. Y seguía pensando que poseía poderes mágicos, capaces de modificar incluso las circunstancias ambientales si era necesario.

Él mismo lo había podido comprobar en el primer campeonato que jugó en Baleares. El Manacor se enfrentaba al CT Alcudia. Entonces tenía siete años y el sorteo le deparó un rival de doce años.

—Me superaba en todo. Estaba bastante asustado. Pero el cielo estaba nublado y mi tío me tranquilizó diciéndome que jugara a mi ritmo y que, si las cosas se ponían muy feas, él haría que lloviera y así nos iríamos tranquilamente a casa.

El partido comenzó realmente mal. Iba 3-0 para el rival y no parecía que aquello fuera a tener solución. Sin embargo, Nadal comenzó a correr como un loco, alcanzó bolas impensables en un chico de tan corta edad, y remontó hasta el 3-2. Y entonces empezó a llover.

—Nos refugiamos en un porche —relata Toni—. Y, a escondidas, Rafael se acercó a mí y me dijo al oído: «Yo creo que ya puedes parar la lluvia porque, tal y como se ha puesto el partido, pienso que puedo ganarle». Se me escapaba la risa.

Lógicamente, la lluvia prosiguió y el partido tuvo que concluir otro día. Rafael acabó perdiéndolo por 7-5 en el tercer set.

Ahora, una sonrisa se dibujaba en la cara de Nadal al pensar en todo aquello y en la intensidad con la que lo vivía. Como aquel partido de Ivan Lendl en el que Toni simuló decidir que el checo se acabara retirando porque no hacía las cosas bien.

Toni lo vivió de esta forma:

—Era un partido que estaban dando en la televisión en diferido y yo conocía ya el resultado y sabía que Lendl había tenido que abandonar por lesión. Los dos nos sentamos a verlo. Y cada vez que fallaba una bola, le decía a Rafael: «Me está cansando, si no lo hace mejor voy a hacer que se retire». Él no quería, me decía asustado que no lo hiciera, que quería que concluyera el partido. Y cuando vi que ya se acercaba el momento de la retirada, le dije: «Ya está, se me acabó la paciencia; que se retire en el próximo juego». Y claro, lo hizo. Rafa me miraba incrédulo, absolutamente admirado de mi poder mágico.

Multitud de recuerdos se agolpaban en la mente de Rafael, los momentos felices con su familia, los primeros pasos con la raqueta en la mano, los episodios vividos cuando, codo a codo con su tío, se esforzaba en llevar a cabo todo lo que él le exigía para mejorar sus golpes...

Vuelve a la realidad, al presente. Es enero de 2006 y regresa de Portland. Allí le han realizado todo tipo de pruebas, con los aparatos más sofisticados, para conseguir adaptar definitivamente sus zapatillas a las exigencias de sus nuevas plantillas. Y parece que lo han conseguido, aunque va a necesitar tiempo.

—Era muy simple de solucionar, pero faltaba comunicación —confiesa Juanan Martorell, quien le ha acompañado a Estados Unidos junto a Jordi Robert, el hombre encargado de resolver todos los problemas que pudieran surgir entre Nadal y la multinacional estadounidense. Y añade—: En Nike no entendían lo que queríamos y nos enviaban modelos que no le servían a Rafael.

Tras todos los estudios, Nike decide construir un calzado deportivo con una horma especial, vaciar la zapatilla, bajar su perfil y aumentar el talón para proteger el pie. Sin embargo, debido a todos estos problemas, ya se ha decidido que Rafael no jugará el Open de Australia ni la Copa Davis.

—Ahora se trata de prepararse para la temporada de tierra y llegar bien a Roland Garros; esto es lo más importante —trata de explicarle Toni.

Pero a Rafael le cuesta entender su renuncia.

—Mi opinión profesional es que hemos tomado las decisiones correctas. Te falta un mes para la total recuperación y adaptación a las nuevas plantillas. No hay que forzar —le razona su tío. Y para consolarle, agrega—: Vamos a esperar, Rafael. Mientras tanto, puedes aprovechar para sacarte el carnet de conducir en Manacor y trabajar con tranquilidad.

Nadal refunfuña, pero acepta la decisión con resignación.

—Toca aguantarse y trabajar más que nunca —concluye Toni.

Nadal no volverá a jugar hasta el torneo de Marsella, entre el 13 y 19 de febrero. Y después viajará a Dubai. Rafael no oculta su decepción en estos momentos. De nuevo, siente la impotencia; pero al menos sabe que el problema se está resolviendo. Ha comenzado a trabajar con las nuevas zapatillas que le han fabricado en Portland y las plantillas ya no le molestan. Cumplen su función de suplir el apoyo en la zona dañada de su pie y amortiguan el dolor. Puede realizar apoyos, cambios de dirección y, aunque siente alguna molestia, no es un sufrimiento insoportable sino todo lo contrario. Vislumbra un futuro esperanzador.

—¡Volveré a ser un jugador de tenis! —exclama, por fin—. Todo será como antes. Mi vida vuelve a tener sentido.

No obstante, quedan aún muchas incógnitas por resolver.

—¿Podré resistir un torneo completo? ¿Aguantaré toda la temporada de tierra batida? ¿Podré ganar de nuevo en Roland Garros? ¿Regresarán los dolores en mi pie? ¿Deberé tomarme descansos muy largos entre los torneos?

Todas estas preguntas le invaden cuando, tras uno de esos monótonos días que está viviendo en Manacor, trata de conciliar el sueño en su habitación. Al poco rato, ya dormido, sus sueños le trasladan al pasado. Se ve junto a su tío, quien ha recuperado sus dotes mágicas y le ha curado el pie.

—La lesión ya no es un problema, la hemos superado —le dice.

Pero Rafael entreabre los ojos en la cama y ve su nombre en las páginas del diario deportivo que estaba leyendo antes de dormirse y en el que alguien ha escrito: «A Nadal le espera un largo camino de recuperación para volver a las pistas». Ésta es la realidad y hay que olvidarse de los sueños. Y piensa: «Ojalá la magia de Toni funcionara como antes y lo arreglara todo».

Sin embargo, él es consciente de que esto no es así, de que si de verdad desea volver a jugar a tenis deberá trabajar, sacrificarse y sufrir más que nunca. En su mente todo se ha clarificado y sólo tiene una obsesión: recuperarse. De repente, ha dejado de castigarse y de obcecarse con la lesión.

Día a día, semana a semana, se siente mejor tanto en la pista como mentalmente. Poco a poco, los dolores van desapareciendo y se siente cada vez más fuerte. Las plantillas están haciendo su efecto y el sueño es ya cada vez más real: en un horizonte muy próximo están los torneos de Marsella y Dubai con los que iniciará su temporada 2006.

Vuelve a sentirse un tenista profesional.

CAPÍTULO 2

RACHA ESTRATOSFÉRICA

Nadal es mi gran rival y especialmente en tie-
rra batida, pero no diría que es imbatible; cada
vez me acerco más a él.

ROGER FEDERER

El día es de perros. Hace mucho frío y el viento levanta la arena de la pista. Ni el sol —ya de caída a las cinco de la tarde
en París—, que aparece esporádicamente entre las nubes, ayuda a calentar el ambiente de las gradas semivacías de la pista,
apenas seis mil personas. Las condiciones no son las mejores
para jugar a tenis, pero Nadal entra en la central de Roland
Garros decidido a empezar con buen pie la defensa de su título; no sólo eso, esta vez el partido tiene un aliciente extra. Si
gana al sueco Robin Soderling, su primer rival en el torneo
este lunes 29 de mayo de 2006, Nadal establecerá un nuevo
récord de victorias consecutivas en tierra: 54; justo una más
que las que había conseguido en 1977 el argentino Guillermo
Vilas. Se trata de un récord histórico. Una impresionante racha que, para Rafael Nadal, comenzó el 8 de abril de 2005,
el día que perdió su último partido en tierra contra el ruso
Igor Andreev en el torneo de Valencia, de eso hace ya catorce
meses.

—Sólo pensar en la cifra asusta —confiesa, sin saber en
aquellos momentos que no sólo superará esa impresionante ra-

cha, sino que acabará 2006 con 62 victorias seguidas en tierra. Una espectacular racha que seguirá con 81 triunfos consecutivos hasta la final de Hamburgo de 2007 que perderá contra Federer.

—Los récords están para batirse y me parece bien que todo el mundo piense que lo conseguirás, pero en la pista de nada vale eso —le comenta Toni antes de entrar a jugar—. Ahí sólo cuenta ganar el partido, y, para lograrlo, hay que jugar como si fuera la final.

Su tío tiene razón. Batir el récord es algo que le hace mucha ilusión, ya que difícilmente volverá a tener otra oportunidad para conseguirlo, pero no puede presionarse o agobiarse más de la cuenta para alcanzarlo. Al fin y al cabo, se trata sólo de una cifra; nada más. El objetivo es otro. Este partido debe afrontarlo como el primer paso hacia un nuevo título en París. Y así, desde su primer golpe hasta el último, su única obsesión es acabar pronto. Se pone el mono de trabajo... y en dos horas y tres minutos liquida la situación sin ceder un set (6-2, 7-5, 6-1). ¡Récord conseguido! Primera misión cumplida.

Siente que se ha quitado un peso de encima.

—Ahora podré centrarme en el torneo —declara, al recibir el trofeo que le da la organización de Roland Garros para celebrar el récord.

Es un gran vaso de cristal en cuyo interior se han colocado, una sobre otra, las capas del distinto material con las que se construye una pista de tierra. La copa se la entrega el mismo Vilas, tan gran campeón como egocéntrico personaje, quien ha estado en el palco presidencial viendo el partido acompañado por su mujer, una joven y silenciosa tailandesa que, pese al frío, no se ha movido de su silla hasta el final. El ex tenista argentino le abraza en el centro de la pista con cordialidad y le felicita por su éxito, aunque el día anterior había cuestionado su proeza ante la prensa.

—Me da la impresión de que Nadal ha conseguido el récord jugando algunos torneos de segunda fila. Además, creo que no es lo mismo lograr 54 victorias en dos años que 53 en una sola temporada, como hice yo —dijo Vilas, recordando que su récord habría sido al menos de 69 victorias si no se hubiese retirado en la final de Aix en Provence que le enfrentaba al rumano Ilie Nastase; un abandono que llevó a cabo como protesta porque su rival había jugado con una raqueta de doble cordaje que, meses después, la Federación Internacional de Tenis prohibió utilizar. No sólo eso. Vilas aprovecha la ocasión para recordar que aún está en posesión del récord de torneos ganados en un año (16 en 1977) así como el de victorias consecutivas en cualquier superficie (46).

—Ya le he dicho a Rafa que si me bate alguno de estos dos récords, entonces sí que me molestaré de verdad —desvela públicamente en la central de Roland Garros.

A Nadal no le enoja el comentario de Vilas; al contrario, lo entiende.

—A nadie le gusta que lo destronen y ocupen su puesto. Es humano y natural tener una reacción así —le dice Toni en el vestuario.

Ahora ya está más tranquilo y relajado, no sólo por haber ganado el partido, que es lo único que le importaba a su tío, sino porque esta victoria pone fin a la tensión extra que han tenido que soportar durante los últimos cuarenta y dos días, desde que ganó al francés Arnaud Clement en la primera ronda del torneo de Montecarlo. Desde ese día, no ha habido rueda de prensa en la que no le hayan preguntado por el récord.

—Si hubiera sabido que iba a pasar esto, te pido que pierdas un partido —llegó a decirle a Rafa en broma, aunque esa posibilidad no se les pasó por la cabeza a ninguno de los dos en todo este tiempo.

—¡Uf, tirar un partido! —exclamó Nadal entonces. Menuda bronca le hubiese echado Toni. Eso es sagrado para él.

—Cuando se entra en una pista, es para intentar ganar; debes dejarte la piel en cada punto, aunque vayas perdiendo 0-6 y 0-5. Por nada del mundo hay que entregarse. Hay que ser profesional —le ha dicho siempre su tío.

Aún recuerda la primera vez que viajaron a Australia y Toni se quedó de una pieza al ver cómo un compañero suyo había tirado un partido en primera ronda, de forma lamentable y sin querer luchar, y todo porque de repente se le había complicado.

—No entiendo cómo alguien que se considera profesional puede hacer un viaje tan largo para llegar el primer día y entregar el partido así, como si tal cosa. Es increíble. Si tú me haces esto... bueno, no esto, sólo que se te ocurriera tirar un entrenamiento, a la mañana siguiente ya puedes buscarte otro entrenador —le dijo.

Nadal piensa igual. Cada vez que salta a la pista convierte cada punto, sea el primero o el último, en una batalla para ganar la guerra.

—Para Nadal, todos los partidos son el fin del mundo. Creo que él, al margen de su fuerte físico, se impone a sus rivales por su mentalidad, por su fuerza de voluntad para seguir luchando hasta el final. Es la presión más grande que ejerce sobre sus rivales —valora Vilas cuando estos días en París le han preguntado si Nadal podía compararse a él o a Borg en su forma de jugar a tenis y en la mentalidad—. Para mí, tanto Borg como yo nos imponíamos más por la fuerza de nuestro juego y de nuestra condición física. Esos eran nuestros valores. Nadal, en cambio, incorpora una voluntad inquebrantable y tal solidez mental que ambas le dan, ya de entrada, un ascendente importante sobre todos sus rivales.

Sólo con esta mentalidad tan especial puede entenderse que Nadal haya conseguido el récord estratosférico que ahora está celebrando, feliz, junto a los suyos. En ese largo y duro camino en el que lo único importante era su recuperación física, Nadal ha ido punto a punto, juego a juego, set a set, partido a partido y título a título, hasta encontrarse con el récord. Han pasado siete semanas —desde que logró la primera victoria en tierra en 2006, en Montecarlo, hasta que llegó a París— en las que necesitaba ganar todos los partidos para alcanzar el récord. Siete intensas semanas sin descanso, al límite, pero con una sola obsesión: pasar más veces la bola por encima de la red que su rival. Así de sencillo. Tal y como le ha enseñado su tío desde pequeño.

—En mi opinión, si el deporte tiene algún sentido —dice Toni—, es el de superar dificultades.

Y eso es lo que Nadal ha hecho con esta racha increíble. No pensar en lo que tenía por delante, nunca, ni cuando le quedaban diecisiete partidos para batir la marca de Vilas. Porque para eso, para arrebatarle el récord, tenía que revalidar el título en los tres torneos que debía jugar antes del Roland Garros, además del primer partido en París. Ahí es nada: Montecarlo, Barcelona y Roma; un auténtico tour, con tres cimas demasiado duras y altas para creer que podría coronarlas el primero otra vez. Una proeza increíble, y mucho más cuando en su cabeza revoloteaban por aquellos días otras preocupaciones más reales. Por ejemplo, su completa recuperación física tras su vuelta a las pistas...

Reapareció en el torneo de Marsella, a mediados de febrero de 2006.

—Debes pensar sólo en el día a día y no agobiarte con otras historias —le aconsejó su tío. Y para animarlo, le dijo—: Estás jugando a tenis otra vez, es lo que deseabas y es lo único realmente importante. Debes de sentirte feliz por haberlo conseguido. Te has sacrificado, has sufrido mucho para lograrlo, y ahora toca disfrutarlo; no pienses en otra cosa, el resto vendrá solo. Estoy seguro.

Allí, curiosamente, también se cruzó con Clement y el francés le venció en las semifinales. Una derrota que no le importó. Era lógica.

—No iba a reaparecer después de cuatro meses y ganar el título en un torneo *indoor*. Lo más importante era que volvía a pisar una pista y... ¡sin dolor! —comenta con una sonrisa.

Durante mucho tiempo pensó que nunca llegaría ese día. El 14 de febrero de 2006. Nunca lo olvidará. Después de cuatro meses de desesperación, de 114 noches acostándose con la única obsesión de volver a una pista, Nadal volvía a hacer aquello que más feliz le hacía en la vida.

—Para mí, la felicidad está ligada al tenis. Me gusta jugar, que la gente venga a verme, que me anime y disfrute en la pista conmigo. Me considero muy afortunado por poder vivir algo así. Son sensaciones que muy pocos pueden experimentar. Creo que no puedo pedir más. Hago algo que me encanta y me siento afortunado por ello —asegura.

Por eso tiene grabadas en su mente las palabras del doctor Cotorro cuando fue a visitarle a Barcelona y le dio el alta para reaparecer en Marsella.

—Estás a punto para jugar, sólo falta que te vayas adaptando a la competición —le dijo—. Tienes que hacerlo progresivamente, sin precipitarte. Lo más duro está hecho. Te felicito porque has trabajado bien y has tenido la paciencia que te pedíamos. Sé que no ha sido fácil.

A Nadal le entraron ganas de estrujarlo con sus brazos y darle dos besos. Aquel día se sintió liberado y feliz, muy feliz. Ponía punto y final a la peor etapa de su carrera profesional, una época que nunca olvidará.

—No sabía a qué me enfrentaba ni cómo solucionar el problema —rememora—. Cuando forzaba, me dolía; y aunque descansaba, no había forma de resolverlo. No era una lesión común. Si te rompes un hueso, te operan o te lo inmovilizan y sabes que en tantas semanas vuelves a entrenarte. Esto, lo mío, no. Me pinchaban, me daban masajes, hacía todo tipo de tratamientos y nada, no había forma.

Recuerda los momentos en que Juanan Martorell, su recuperador, le daba masajes a su dolorido pie izquierdo. Y desanimado, Nadal le preguntaba día sí y el otro también:

—¿Qué puedo hacer?

—*Vendre la casa i anar de lloguer* (vender la casa e ir de alquiler) —le respondía en tono irónico Juanan con un típico dicho mallorquín.

Su fiel enfermero conocía de primera mano su sufrimiento y entendía la decepción que le embargaba en esos días. Antes de cuidar a Nadal, era fisioterapeuta del Mallorca de fútbol; y un par de años atrás, Moyà le contrató para ayudarle a recuperarse de sus problemas en la espalda.

Pura sangre, bautizó Juanan Martorell a Nadal sólo verle el primer día. Y como si fuera un auténtico caballo de carreras, lo mimó y cuidó.

—Rafa es un portento físico de la naturaleza; pero además, tiene una capacidad de trabajo como nunca le he visto a nadie —destaca Martorell, quien se ha pasado horas y horas con él, sin oír ni una queja de sus labios.

Trabajo y más trabajo. Nadal ha sido consciente de que así había que tomárselo para superar el bache. Eso y tener toda la fe del mundo. En su entorno, todos estaban convencidos de que se recuperaría y volvería a jugar, aunque la procesión iba por dentro.

—Verle sufrir era desesperante —asegura su tío Miquel Àngel. Posiblemente, al haber pasado también por situaciones parecidas en su época de futbolista, él era quien más entendía su estado anímico—. Estar maniatado por una lesión llega a hacerse insoportable. Cuando le veía callado, taciturno, lo sentía más que si me estuviera pasando a mí. Me ponía en su piel y sentía un nudo en la garganta muy especial... Rafa ha sido un torbellino desde pequeño, se creía indestructible, una auténtica roca. Y verle en aquella situación, consciente de que estaba en manos de su cuerpo, me dolía.

Por este motivo, el día en que anunció que estaba listo para volver, hubo fiesta en casa de los Nadal. Lo peor había pasado.

Nadal recuerda que se fue a Marsella con una sensación muy parecida a la que tuvo el día que hizo su primer viaje para jugar un torneo fuera de España. Fue en Essonne, al sur de Francia, y se proclamó campeón del *TIM91*, un campeonato para jóvenes promesas que está considerado el campeonato oficioso de Europa. Tenía doce años y lo ganó. Se sentía radiante de felicidad porque se daba cuenta de que, si trabajaba como le decía su tío, podría llegar a jugar al tenis profesionalmente.

Ahora volvía a sentir una sensación similar. Era como empezar de nuevo y sólo por eso ya era feliz. La pesadilla que le había perseguido noche tras noche tuvo su punto final el día en que ganó el primer partido en Marsella ante el belga Olivier Rochus después de remontarle un *match ball*.

¡Cómo luchó en aquel partido, parecía el más importante de su vida!

Por fin sintió que la adrenalina corría de nuevo por sus venas y que su pie izquierdo aguantaba el brutal esfuerzo al que lo sometió. Cambios de ritmo, aceleraciones, frenazos, saltos, giros bruscos... y todo sobre una moqueta rápida, una superficie que no era, precisamente, la mejor para reaparecer.

—He jugado partidos más fáciles —confesó, tras ganar, después de tanto tiempo ausente de las pistas—. Éste ha sido muy difícil mentalmente y he superado la situación.

Pero la confirmación de que vuelve a ser un tenista de verdad no la siente realmente hasta dos semanas después, en Dubai. Si alguien tenía dudas sobre su recuperación, Nadal las despeja en ese torneo, donde gana en la final al mismísimo Roger Federer.

El número uno del mundo había conquistado las tres últimas ediciones y llegaba a Dubai en plena forma, sin haber perdido todavía un partido desde el inicio de la temporada, y tras sumar dos nuevos títulos a su palmarés: Doha y el Open de Australia; una racha de dieciséis partidos a la que Nadal pone fin tras remontar la primera manga (2-6, 6-4, 6-4). Es su segundo triunfo ante el mejor jugador del mundo y no será el último de la temporada.

El duelo Nadal-Federer se repetirá en Montecarlo, en Roma, en Roland Garros, en Wimbledon y en las semifinales de la Copa Masters en Shangai. De este modo, cuando concluya 2006, los dos tenistas se habrán cruzado en nueve ocasiones en su carrera profesional y Nadal se habrá llevado el gato al agua seis veces. De momento, es el único que le amarga la vida a Federer.

—Cuando me enfrento a él, siempre tengo la sensación de que es mucho mejor que yo —explica Nadal—. Su tenis es más completo y elegante. Juega más agresivo, tiene más facilidad en la volea, saca mejor, tiene más recursos para atacar... Yo debo jugar al límite y aguantar de cabeza. Mi única posibilidad es desesperarlo, que sienta que debe ganarme el punto varias veces. Si lo consigo, entonces puede ocurrir cualquier cosa. Y en esos momentos, hasta ahora, he tenido la suerte de estar mejor que él.

Federer admite que ante Nadal juega con una presión especial y muy diferente a cuando se enfrenta a otros tenistas del circuito.

—Es evidente que Nadal es mi gran rival y especialmente en tierra batida, pero no diría que es imbatible; cada vez me acerco más a él —reconoce el suizo, quien tiene entre ceja y ceja ganarle algún día en esa superficie, igual que Nadal le ha ganado en pistas duras.

La admiración por Federer la comparte toda su familia y, especialmente, su tío Toni, quien tiene en un pedestal al número uno mundial.

—Federer es el mejor en la actualidad y lo va a ser algunos años más si no pierde la motivación o se lesiona —le dice a Rafael—. No es una apreciación mía, es una cuestión de pura matemática; sólo tienes que mirar la clasificación, los títulos que ha ganado y los puntos que te lleva.

Y para reafirmar su opinión, Toni bromea con su sobrino y le pregunta a su hijo pequeño:

—A ver, Joan, ¿quién es el mejor tenista del mundo?

Joan, con apenas dos años, y mirando de reojo a su primo, suelta:

—¡Federer! ¡Federer!

Y a continuación sale corriendo, escapándose de un Nadal que se ríe y le persigue por la plaza principal de Manacor como años atrás hacían sus tíos con él. No es el único. Este mismo año, en Madrid, en el Masters Series, sus otros primos, hijos de su tío Rafael, se acercaban a él para que intercediera por ellos con Federer y consiguiera que el suizo les firmara un autógrafo. Se pasaron horas esperando la firma del número 1 del mundo.

—Sí, Federer es mejor y no pasa nada por aceptarlo. Es mejor porque consigue ver la bola antes, le pega más rápido y ha logrado una coordinación casi perfecta que le permite jugar a una velocidad superior al resto. No saber eso es engañarse y resulta contraproducente. El efecto de Federer ha hundido a muchos —dice Toni, recordando los bajones que en estos últimos años han tenido Roddick, Hewitt o incluso Ferrero, tratando de hacerle un pulso al tenista suizo.

A Toni siempre le ha gustado poner ejemplos futbolísticos para explicarle las cosas a su sobrino; y con Federer no ha sido una excepción.

—Juega en otra liga, no debes obsesionarte con él —le recalca cuando hablan del suizo.

Por este motivo, si pudiera, Toni lo evitaría siempre.

—Para mí, cuanto más lejos esté Federer, mejor. Como si quiere retirarse. Sin él, a ti te iría muchísimo mejor, ¿no? Yo, si pudiese escoger a los rivales, jamás dejaría jugar a Federer.

Si no va al torneo o lo eliminan a la primera, mejor. ¿O dudas de que él piensa lo mismo que yo respecto a ti? Quienes dicen que quieren enfrentarse a los mejores, no dicen la verdad... o hablan de cara a la galería. Porque ya me dirás quién se acuerda del segundo. Nadie, Rafael, nadie.

Sin embargo, tanto Toni como el mismo Rafael, son conscientes de que esta dualidad que mantiene con Federer es un elemento fundamental para dar valor a las gestas que logre el mallorquín. Ambos saben que todos sus títulos se han conseguido a pesar de la presencia de un tenista que es considerado ya por muchos como el mejor jugador de la historia.

A Nadal le pasa lo mismo que a Fernando Alonso con Michael Schumacher. Las victorias se valoran más, mucho más, cuando se gana al campeón. La resonancia mediática se multiplica por mil, como le sucedió al piloto asturiano cuando ganó su segundo campeonato mundial de F-1. El valor añadido era que había logrado el título luchando contra el mejor piloto, heptacampeón mundial, y ante la mejor marca, Ferrari.

La historia de los enfrentamientos con Federer comenzó en Estados Unidos en 2004, en el torneo de Miami, cuando Nadal no había cumplido aún dieciocho años. Se enfrentaron en la segunda ronda y el manacorí dio la campanada al vencer por primera vez a Federer por un doble 6-3. El tenista suizo jugó su partido con fiebre, lejos de su mejor forma, pero eso no importó. Toda la prensa norteamericana se volcó en aquel jovencito desconocido, poderoso de músculos, luchador y valiente, que había logrado derrotar al número uno del mundo y convertirse en uno de los seis únicos tenistas que le vencería aquella temporada. Un año después, volvieron a encontrarse por segunda vez en el mismo torneo, entonces ya en la final. Y Nadal acabó perdiendo, pero tras haber ganado las dos primeras mangas y estar a sólo dos puntos de la victoria.

—La imagen de aquellos dos partidos dio la vuelta a los Estados Unidos —cuenta David Newman, por esa época director de comunicaciones de la Federación Estadounidense de Tenis (USTA)—. El impacto fue tan brutal, que decidimos incorporar a Nadal como figura destacada en todas las campañas de promoción del circuito de verano americano que concluye con el Open de Estados Unidos.

Los responsables de Nike también quedaron embelesados por aquel diamante en bruto que tenían entre sus filas, hasta el punto de que apostaron por él como una de sus figuras y dejaron marchar a Andre Agassi quien, por aquel entonces, estaba renegociando su contrato. El ex número uno del mundo había sido en su momento el símbolo de la marca y, ahora, los responsables de marketing intuían que Nadal podía ser el mejor sustituto para mantener el mercado de ventas.

Lo que más les gustó a los norteamericanos fue el impacto que Nadal causó entre la gente joven del país. La percepción general de los aficionados era que estaban ante un guerrero de la talla de Jerónimo —el legendario jefe de los indios apaches que se mostró indomable ante las fuerzas federales—. Para los estadounidenses, Nadal era un combatiente capaz de mostrar sus alegrías y sus decepciones, y de transferirlas al público sin cortapisas, sinceramente, tal y como se producían. Tenían una frescura y un impacto que hacía tiempo no se veían en ningún otro deportista.

—Encontramos en Nadal muchos de los valores con los que se identifica la juventud americana —explicó Newman cuando presentó la campaña del circuito americano—. Les gusta a las mujeres, los padres soñarían con tener un hijo así, y los chicos estarían encantados de ser como él. Es la típica persona que confirma que la realización del sueño americano es posible. Y estoy convencido de que este duelo que mantiene con Federer les hará mucho más grandes a los dos y les permitirá ganar montones de dinero si asocian su imagen a cualquiera de las grandes marcas estadounidenses, como hizo Agassi con Pepsi-Cola en su momento.

Esta misma percepción la tiene todo el equipo que envuelve a Nadal. Gusta más a los jóvenes que a los adultos; o al menos, estos dos grupos de personas le admiran de forma distinta. Sus equipajes, los estridentes coloridos de su ropa, las camisetas sin mangas, los pantalones de pirata... se venden a un público que va desde los doce a los veinticinco años, aseguran en Nike, que ya está preparando un equipaje personalizado para los próximos años como hizo con Michael Jordan, Andre Agassi y ahora Tiger Woods. El fenómeno Nadal no sólo ocurre en Estados Unidos, sino en todo el mundo, desde Europa hasta China. Pero es evidente que el valor del manacorí crece gracias a la presencia de Federer.

Todo esto ya lo han asimilado Toni y Rafael. Por eso, cuando a Nadal le toca enfrentarse a Federer, Toni sabe lo mucho que está en juego y es el primero que trata de convencerle de que le puede ganar, de que el suizo tiene puntos débiles, y de que Rafa debe estar atento y preparado para aprovecharlos.

—Si igualas el partido, tendrás opciones; no es imbatible —le dijo convencido en Dubai.

Y acertó. Y lo mismo ocurriría después en Montecarlo, Roma y Roland Garros, en las tres ocasiones siguientes en que volvió a vencer el suizo.

El éxito de Dubai le da confianza para afrontar el reto que le espera después de la lesión. Pero acude al torneo de Miami y cae eliminado en la primera ronda ante Carlos Moyà. Allí, le vuelve a molestar el pie izquierdo. No sólo eso, el derecho también. La pesadilla aparece de nuevo, Nadal se asusta de verdad y, tras perder aquel partido ante su amigo, regresa a Mallorca temiendo lo peor.

—Es un problema de sobrecargas y del esfuerzo que has

hecho estas últimas semanas —le tranquiliza el doctor Cotorro—. Descansa un poco.

Cuando llega a Montecarlo, Nadal tiene muchas dudas sobre su rendimiento y no sabe en qué condiciones afrontará el torneo. Se aloja en el hotel de las estrellas, *Le Monte Carlo Bay*, en la *suite* 1029. Allí, en la terraza de su inmensa habitación, con vistas al mar Mediterráneo y a los impresionantes yates que están amarrados en el puerto, se relaja leyendo el *Código da Vinci*, el libro que le han recomendado, aunque él no es precisamente un apasionado de la lectura. En ese idílico escenario intenta sustraerse de sus preocupaciones y concentrarse para su vuelta a las pistas de tierra, después de las insatisfacciones que ha vivido tras su pronta eliminación en Miami. Sus rivales desconocen esta situación y la inseguridad que le embarga los primeros días. Su suerte es que todos salen derrotados a la pista antes de empezar a jugar. Primero, el francés Clement; después, el monegasco Jean-Rene Lisnard; y posteriormente, el belga Kristof Vliegen. Uno tras otro se entregan sin que Nadal pase apuros.

—Es la ventaja de ser temido —le dice su tío.

Pero Toni sabe que Rafael no está fino, ya que en los entrenamientos previos al torneo ha perdido la mayoría de partidos que ha jugado.

—No daba una a derechas —recuerda.

Superado el susto, el punto de inflexión llega en cuartos de final ante el argentino Guillermo Coria, y luego en semifinales contra su compatriota Gastón Gaudio, uno finalista y el otro campeón de Roland Garros 2004. Nadal sabe que cualquiera de ellos aprovechará la más pequeña muestra de debilidad que tenga. Pero a ninguno de los dos les da opción de darse cuenta de sus problemas. Liquida esos partidos sin oposición y se presenta en la final ante Federer, dispuesto a mostrarle al suizo quién manda en tierra.

La segunda final del año ante el tenista suizo vuelve a caer de su lado. Nadal se impone en cuatro mangas (6-2, 6-7, 6-3 y

7-6), aprovechando el primer *match ball*. Es una victoria importante porque le da seguridad y le permite sentir que vuelve a estar arriba y preparado para el combate.

Además, este triunfo en Montecarlo le servirá para afrontar con la máxima ilusión la temporada de tierra hasta la meta de París; un camino donde el año pasado acumuló 2.300 puntos para la clasificación mundial y que ahora debe empezar a defender. Porque en el tenis, al contrario de otros deportes, tal y como le recalca Toni, se empieza cada año desde cero.

—Hay un ranking que te indica semana a semana si lo haces bien o no —le repite.

En Barcelona, en el Godó, aún refuerza más sus sensaciones de seguridad y confianza al revalidar también el título tras vencer en la final al catalán Tommy Robredo. En este torneo hay un día que no olvidará jamás porque, sin saber muy bien la razón, de golpe le brotan todos los sentimientos que había reprimido durante muchas semanas.

Sucede antes de jugar las semifinales contra el tenista murciano Nicolás Almagro, y después de haberse salvado de la eliminación el día anterior ante el finlandés Jarkko Nieminen en el peor partido que ha jugado en los últimos meses. Se acuerda como si lo estuviera viviendo ahora mismo. Estaba sentado en uno de los bancos del vestuario del Reial Club de Tennis Barcelona, vestido y listo para entrar en la pista, cuando, de repente, y de manera inexplicable, se puso a llorar de forma desconsolada ante el desconcierto de quienes estaban con él.

—¿Qué te pasa? —le preguntó Toni, sorprendido al verle así.

—Supongo que es una reacción al ver que estoy aquí otra vez, que he superado una lesión muy complicada, que vengo de ganar en Montecarlo y que me siento otra vez al ciento por ciento —respondió Nadal—. Sinceramente, todo esto me parecía muy difícil hace unas semanas.

Y era cierto. Lo que parecía imposible a principios de año

se estaba haciendo realidad. Nadal volvía a sentirse fuerte y capaz de cualquier cosa.

Con esta mentalidad llega a Roma. En el Foro Itálico, escenario de los Campeonatos Internacionales de Italia, ordenado construir en la época fascista por Benito Mussolini entre 1928 y 1938, donde se juega al tenis entre columnas y esculturas romanas, Nadal va a dar el penúltimo paso de su recuperación total. Está sólo a seis partidos de igualar el récord de victorias seguidas en tierra. En Barcelona ha sumado la 47 consecutiva, con la que supera la marca del legendario ex campeón sueco Bjorn Borg. Ahora, por primera vez, piensa en el récord de Vilas. Lo tiene a tiro, aunque evita obsesionarse por la posibilidad de conseguir igualarlo.

—Para mí, hasta el torneo de Roma, ese récord aún no era importante porque estaba convencido de que no lo conseguiría nunca —explica—. Pero a medida que me acercaba, me hacía ilusión batirlo.

Sin embargo, la presión se hace cada vez más insoportable porque, aunque Nadal repite que no quiere pensar en el récord, lo cierto es que un día tras otro todo el mundo se lo recuerda.

En el camino hacia ese objetivo se cruza con Moyà (6-1, 2-6, 6-2), el italiano Filippo Volandri (6-1, 6-2), el británico Tim Herman (6-2, 6-2), el chileno Fernando González (6-4, 6-3) y el francés Gael Monfils (6-2, 6-2), para llegar al momento decisivo, de nuevo ante Federer y en otra final. Y esta vez no lo tendrá fácil. El suizo ha trabajado muy duro sobre tierra durante las últimas semanas y, por primera vez, se siente capaz de sorprenderle. Y lo cierto es que casi lo consigue.

La final de Roma se convierte en un pulso entre dos colosos que durante cinco sets se niegan a dar su brazo a torcer. Federer fuerza la máquina al límite y llega a tenerlo contra las cuerdas cuando, en la última manga, dispone primero de una ventaja de 5-3 y, más tarde, de dos bolas de partido con 6-5 a su favor en el marcador.

Pero ni siquiera esto es suficiente para derrotarle.

Nadal no se rinde, sigue luchando, hasta que Federer lanza fuera de la pista una derecha ganadora que le hubiera dado el título. El suizo paga caro el error. No tendrá más oportunidades. Nadal da la vuelta al marcador y, después de cinco horas y cinco minutos de lucha sin cuartel, le gana de nuevo por 6-7 (0-7), 7-6 (7-5), 6-4, 2-6 y 7-6 (7-5).

La alegría de Nadal es indescriptible cuando abandona la pista. Ha sufrido, se ha visto derrotado, y ha acabado siendo el ganador. Ha sabido aguantar y hacerle ver a Federer que no se iba a rendir. Había demasiadas cosas en juego para no luchar hasta más allá del límite de sus fuerzas, hasta cuando daba la sensación de que estaba perdido. Pero Nadal nunca desvanece, ésta es su mejor arma. La mentalidad con la que afronta los partidos le hace casi indestructible.

—Mi tío siempre me dice que aguante todo y más porque, cuando ves delante de ti a alguien que no se rinde aunque lo estés dominando, se acaba dudando.

Y una vez más, Toni ha tenido razón. Es lo que le ha ocurrido a Federer. No ha sabido rematar el partido cuando debía hacerlo.

—Le ha faltado decisión para meter la última derecha y cerrar el partido; si lo hubiese hecho, yo no hubiera podido hacer nada y todo se hubiera acabado para mí —reconoce Rafa.

Se encuentran en el vestuario del Foro Itálico y en su cabeza todavía resuenan los aplausos de un público que, por segundo año, ha presenciado en directo la resurrección de Nadal y una nueva victoria. El año anterior, y también en una maratoniana final a cinco sets, el manacorí le levantó el marcador a Coria después de tener un 4-0 y 40-30 en contra en la tercera manga. Y esta vez, ha protagonizado otra remontada espectacular y lo ha hecho ante Federer, el indiscutible número uno del mundo, quien ha jugado el mejor partido de su vida sobre tierra y no ha podido evitar marcharse de la pista con otra derrota y un pensamiento fijo en la cabeza: «Debía haberle ganado».

Gracias a su nueva victoria sobre Federer en Roma, Nadal acabará batiendo el récord de partidos ganados en tierra una semana después en Roland Garros. El trayecto ha sido largo y excesivamente estresante en ocasiones. Pero en realidad, Nadal no ha tenido grandes momentos de agobio en la pista para alcanzarlo. Incluso, cuando se lo preguntan en París tras recibir el trofeo de manos de Guillermo Vilas, le cuesta recordar los partidos más duros de los 54 que componen el récord. Lo primero que le viene a la cabeza entonces, y casi lo único, es su espectacular duelo contra Federer en Roma y las dos bolas de partido que salvó. Pero con Rafael es siempre lo mismo.

Ahora, tras conseguir el récord, Nadal tiene que apartar de su cabeza todo aquello que le pueda distraer y debe concentrarse en su próximo objetivo: el siguiente partido del torneo de Roland Garros. Él es el campeón del año pasado y quiere revalidar su título.

CAPÍTULO 3

ROLAND GARROS

Nadal es el mayor fenómeno que ha creado el tenis desde hace muchos años. Y será una bendición para este deporte.

JOHN MCENROE

Cuando por fin pisa la tierra batida de Roland Garros para jugar el torneo de 2006, su cara se ilumina. Tiene diecinueve años, está a punto de cumplir los veinte el 3 de junio, y ya ha ganado un título de Roland Garros. Al caminar de nuevo por esa arena rojiza, lo hace como flamante campeón.

En el primer entrenamiento ya ha podido sentir el calor del público. En una pista apartada, absolutamente secundaria, nota que sus biorritmos alcanzan el máximo exponente. Se siente vivo en un escenario muy especial y observa todo lo que le envuelve. Tira una bola, le pega con fuerza a la siguiente, hace algunas carreras, mira a los aficionados y sonríe mientras le aplauden. Es feliz.

—Hace sólo unos meses no tenía ninguna certeza de que esto pudiera volver a ocurrir —declara, ilusionado—. Y ahora estoy aquí, con unas ganas locas de que empiece el torneo para demostrar a todo el mundo que soy capaz de ganar otra vez.

Ya ha superado lo peor y, aunque el pie le molesta a veces, se siente fuerte para defender su título.

A medida que esos pensamientos se arremolinan en su cabeza, sus pies no paran de moverse, sus potentes piernas le desplazan de una punta a otra de la pista, su brazo realiza el *swing* a un a velocidad de vértigo, como un látigo, mientras Toni, con los brazos cruzados sobre el pecho, la gorra calada y unas gafas de sol que esconden su satisfacción, le observa desde el fondo de la pista. Por fin, todo parece que funciona a la perfección. Al otro lado de la red, un jugador júnior, al que nadie conoce y por el que nadie se interesa, intenta aguantar el ritmo cada vez más presionante que va imponiendo Nadal.

—No está como en Roma o en Barcelona, pero su nivel comienza a ser muy bueno —comenta Toni a los enviados especiales de los medios de comunicación españoles.

Mientras, Rafael abandona la pista y se entretiene firmando los cientos de autógrafos que le están solicitando los espectadores. Firma gorras, programas del torneo, entradas, bolas gigantes, cualquier cosa que le pongan por delante.

Todo vuelve a adquirir la dimensión que había tenido sólo un año antes, cuando Rafael Nadal entró en el estadio de Roland Garros para disputar el torneo por primera vez... después de dos intentos fallidos. ¡Tuvo que esperar tantos años antes de poder atravesar este recinto como un tenista profesional inscrito en el cuadro principal! Llegó a pensar que era un torneo gafe.

—Pero ahora, los malos sueños se han acabado —reflexiona Nadal.

Rodeado de aficionados, aún recuerda las dificultades y tropiezos que tuvo que superar hasta conseguir participar en este torneo.

No pudo jugarlo en su etapa júnior, cuando habría sido uno de los más firmes candidatos a ganarlo, porque sus padres no le permitieron viajar sin que antes concluyera los exámenes de la escuela. Entonces aquello era todavía prioritario. Su madre incluso lo apuntó para que hiciera el bachillerato, aunque él perdió todos los libros en un viaje.

Y después, cuando ya había conseguido algunas victorias importantes en el circuito, y tenía la posibilidad de entrar por la puerta grande, consolidado ya como una de las grandes promesas del tenis mundial con sólo dieciséis años, una lesión en el codo se la cerró de golpe, impidiéndole debutar, y dejándole parado durante un par de meses. Fue en 2003. Un par de días antes de salir de Manacor, Sebastià, el padre de Rafael, llamó a Toni para decirle que su hijo no podría viajar a París.

—Estaba jugando con unos amigos y, al intentar saltar la red de la pista, uno de ellos se la ha levantado para hacerle una broma. Se ha caído y se ha lesionado el codo —le dijo, compungido.

Y un año más tarde, en 2004, tampoco pudo jugar por culpa de una lesión que sufrió en Estoril, una rotura por estrés en el pie izquierdo, que le obligó a renunciar no sólo a París sino también a Wimbledon. Pero al menos, en aquella ocasión, sí pudo viajar a la capital de Francia.

Aquel año tuvo que conformarse con pasear por el impresionante estadio ubicado en las cercanías del Bosque de Bolonia, en la Puerta de Auteuil, y disfrutar, como un aficionado más, del bullicio de la Plaza de los Mosqueteros, situada en el interior del complejo, donde la gente se agolpa para controlar los marcadores de las distintas pistas o simplemente para encontrarse con sus amigos o tomar algún refrigerio.

En el centro de este mítico escenario, por el que se calcula que cada día del torneo pasan unas 30.000 personas, están las efigies de Jean Botrotra, Rene Lacoste, Henri Cochet y Jacques Brugnon, los tenistas legendarios franceses que entre 1928 y 1933 ganaron seis veces consecutivas la Copa Davis y obligaron al ayuntamiento de París y a la Federación Francesa de Tenis a construir una pista central capaz de albergar la creciente demanda de público. Una demanda de público que, con el transcurso de los años, se ha ido ampliando hasta el día de hoy en que el complejo se ha convertido en una mini ciudad con diecisiete pistas de tierra y todos los servicios imaginables; un escenario que ya se ha vuelto a quedar pequeño y que se quiere ampliar con una tercera central, con techo retráctil, que se construiría en el mismo Bosque de Bolonia, al otro lado del Boulevar d'Auteil.

Desde la Plaza de Los Mosqueteros es fácil acceder a los vestuarios de los jugadores en la pista central. A la derecha de la plaza, mirando de frente a la central, hay unas escaleras por las que se accede a una de las entradas de la zona reservada a los jugadores. En la planta baja hay un bar y una sala de estar con muchas mesas, interiores y exteriores, televisores por todas partes, y a la derecha otras escaleras que bajan a la zona de vestuarios, el *sanctasantórum* de los tenistas, un lugar íntimo y reservado al que acceden sólo los elegidos.

—Un lugar de risas y discusiones, pero también de concentración y mentalización —explica Nadal.

Allí es donde cada uno, con su entrenador, ultima la preparación antes de ser llamado a la pista por los altavoces para disputar sus partidos. En este edificio, los jugadores disponen de un *self service* donde suelen comer los tenistas y donde siempre se puede comer algo caliente, como un plato de pasta italiana, distintos tipos de carnes y pescados, o ensaladas variadas y frutas. Y en el piso superior, hay otra gran sala de estar con cómodos sillones y sofás donde los jugadores pueden relajarse en sus momentos de descanso, realizar sus reuniones de negocios con los patrocinadores, o ver los partidos por televisión si no quieren ocupar las plazas reservadas en el palco de jugadores de la central para poder seguirlos en directo.

Aquel primer año que Nadal estuvo en Roland Garros sin poder jugar (2004), se lo pasó en grande los días que estuvo allí. Necesitaba muletas para ir a cualquier lado, pero se pateó el recinto como si no las llevara. Estuvo en las pistas de entrenamiento, en las salas de juego de los tenistas, en los vestuarios, en el museo y en la sala de prensa, y recorrió las tiendas de recuerdos y el *village* donde los patrocinadores del torneo tienen los *stands* y restaurantes privados para recibir a sus invitados. Pudo moverse sin que nadie le molestara, confundido entre los chicos de su edad que perseguían a los tenistas conocidos para pedirles autógrafos o hacerse fotos con ellos. Se sintió como un aficionado más.

Sentado en el palco de jugadores de la central parisina, un halo de emoción le embargó. Viendo los intercambios de los dos jugadores que luchaban en la pista, se imaginaba ya pisando aquella tierra batida, corriendo por cada bola, disputando cada punto. «Un día voy a liarla aquí», le confesó a Jordi Robert, el representante de Nike que le acompañaba. Sus pensamientos volaban de un lado a otro, pero no se alejaban nunca del sueño que había albergado desde que decidió convertirse en tenista profesional. Más tarde, paseando con su representante Carlos Costa, que había insistido en que viajara a París, le hizo la más sublime y sincera de las confesiones.

—Acabábamos de salir de una pista y caminábamos por la avenida principal, la que une la pista uno con la Suzanne Lenglen. Y entonces, Rafa me dijo: «¿sabes por qué me he lesionado este año y no he podido jugar aquí? Porque no me tocaba todavía, no era aún mi momento. Cuando pueda jugar por primera vez este torneo será para ganarlo». No recuerdo lo que le contesté, pero fue una afirmación que me impactó. Y cuando al año siguiente se convirtió en campeón un escalofrío recorrió todo mi cuerpo —comenta ahora Costa.

Este escenario mítico que descubrió en 2004, tomó una nueva dimensión en 2005. Entonces, Nadal llegó a París con la vitola de gran favorito. Había realizado una temporada impecable en tierra batida que le había llevado a ganar los torneos de Montecarlo, Barcelona y Roma de forma consecutiva, y no se vislumbraba quién podría discutirle el título de Roland Garros a pesar de que podía encontrarse con el número uno del mundo, el suizo Roger Federer.

—Entonces me sentía fuerte, seguro de mí mismo. Creía en mis posibilidades de ser campeón porque había visto que mi juego podía llevarme al triunfo. Estaba fuerte, con ganas —recuerda. Y exclama—: ¡Había estado esperando tanto tiempo aquel momento!

Cuando llegó al aeropuerto de Orly le esperaban varias cadenas de televisión, entre ellas EuroSport y uno de los canales de la TV de Francia. Le trataban como al futuro ganador del torneo.

—Me pareció exagerado todo aquello porque, estando Federer en el cuadro, el favorito no podía ser Rafael —comenta Toni.

Sin embargo, cuando el jueves anterior al comienzo del torneo inició sus entrenamientos con el gigante croata Ivo Karlovic, ya vio que las cosas funcionaban bien. El segundo día se preparó con Feliciano López y, en un partido informal, llegó a tenerle 6-0 y 5-0 antes de perder el primer juego. Se sentía a punto y sólo le preocupaba evitar que el francés Richard Gasquet o Juan Carlos Ferrero cayeran por la zona de su cuadro.

Pero la suerte no le acompañó en este sentido.

El sorteo deparó que Gasquet pudiera cruzarse con él en tercera ronda. El francés siempre había sido su gran rival en los torneos de categorías inferiores y habitualmente le ganaba. Sentía presión porque había perdido contra él en Tarbes cuando tenía 12 años y porque después, el año que entró en el circuito, en 2003, con sólo 16 años, tuvo que retirarse lesionado en otro partido contra el francés, en el torneo challenger de San Juan de Luz.

Entonces la prensa francesa se ensañó con Rafael. Y ahora quería evitar que la historia se repitiera. Además, este año, parecía que Gasquet llegaba en forma después de vencer a Federer en los cuartos de final de Montecarlo y jugar la final del Masters Series de Hamburgo, también contra el suizo.

—Fue un momento de tensión, hubo nervios —confiesa Toni, al recordar que el camino al título de 2005 no fue nada fácil.

La prensa francesa estuvo calentando el partido con Gasquet desde el momento en que se supo que podrían cruzarse. Y cuando Nadal superó las dos primeras rondas del torneo tras vencer al alemán Lars Burgmuller y al belga Xavier Malisse, presentaron el duelo con Gasquet como si fuera la mismísima final.

Pero en la pista pronto se hizo patente que Gasquet, con una calidad técnica incuestionable, no tenía ni de lejos el poderío físico de Nadal. Y aquel fue un factor determinante para que Rafael le venciera en tres fáciles mangas.

—Hoy me he sentido como un tenista júnior ante un profesional —declaró el propio Gasquet al final del partido.

Toni estaba convencido de que su sobrino le ganaría con facilidad y se lo dijo a Nadal el día antes:

—Mira, te han hecho un favor porque ya no debes sentir presión; se la han puesto toda a él.

De nuevo, Toni tenía razón. Gasquet no acertó ni una, estaba hecho un flan en la pista. El francés no soportó la presión que le colgaron sobre sus hombros.

Luego, a Nadal le tocó enfrentarse a Sebastien Grosjean, un veterano de veintisiete años en quien el público había puesto todas sus esperanzas, fundamentalmente porque era ya el único jugador francés que les quedaba en el cuadro de la veintena que lo habían comenzado. Y fue una dura experiencia para Rafael, no sólo porque perdió el primer set del torneo, sino porque nunca entendió el comportamiento antideportivo del público que, desde el comienzo del partido, y con la intención de presionarle y desestabilizarle, le silbó, aplaudió sus fallos de saque y celebró los errores que cometía.

—No entendí nada de todo aquello. Me sentí muy maltratado. Me decía: «No seas burro, tú a lo tuyo». Creo que el público encajó muy mal el resultado de 6-0 y 6-3 con que concluí el partido —explicó a la prensa, resignado ante la situación.

Menos paciencia tuvo su tío Toni, quien fue a quejarse al supervisor del torneo, el sueco Stefan Franson.

—Me parece fatal lo que ha pasado hoy —le dijo, muy enfadado—. No me vengas con cuentos. No intentes engañarme ni te engañes a ti. El árbitro ha hecho lo que debía. Pero tú no, porque cuando un partido se para diez minutos por los abucheos del público, tu obligación es suspenderlo y no lo has hecho.

A Grosjean le siguieron David Ferrer y Roger Federer. Y todo el mundo pensaba que, con el público en contra, Nadal no conseguiría superarles.

—Yo mismo no estaba seguro de ello —recuerda Rafael—, pero salté a la pista a dar lo mejor de mí mismo. Con Ferrer tuve suerte porque él llegó muy cansado de su partido anterior y sólo aguantó la primera manga. En cambio, contra Federer, creo que jugué un gran partido.

A Ferrer le venció por 7-5, 6-2 y 6-2, mientras que a Federer le superó en cuatro sets por 6-3, 4-6, 6-4 y 6-3. Aquel día, el tenista suizo supo que su sueño de ganar en Roland Garros —el único torneo grande que falta en su extenso palmarés— no le iba a ser fácil hacerlo realidad porque había un tenista, más joven que él, que tenía la llave para mantenerle cerrada la puerta de la catedral de la tierra batida. Federer acabó mal, apagado, decepcionado, y pidiendo al árbitro que suspendiera el partido por falta de luz natural.

—No me parece que Nadal fuera mejor que yo; creía tener armas para poder ganarle, pero no estuve a mi mejor nivel —se limitó a decir el número uno del mundo tras la derrota.

Nadal estaba en la final, la primera que iba a disputar de un Grand Slam; el partido soñado y por el que desde muy joven había estado trabajando tan duro. Había llegado el momento de hacer realidad su gran sueño.

La final le enfrentó al argentino Mariano Puerta, un jugador que había vuelto al circuito tras dos años de suspensión por dopaje y que, tras ese partido contra Nadal, volvería a dar positivo en el control que le hicieron en Roland Garros, aunque esto no se sabría hasta meses después de la final.

—Rafael, has superado lo peor. Eres el número cinco del mundo, has ganado en Roma, Montecarlo y Barcelona, y ahora no debes perder este partido —le dijo Toni, como última consigna, antes de entrar en la pista.

Nadal, concentrado, apretó los puños y asintió en silencio.

—Sabía que el argentino ajustaba mucho sus golpes, que era zurdo como Rafael, y que abría más ángulos. Pero entendía que mi sobrino tenía que ganarle por convicción, por físico y por todo —cuenta Toni.

Nadal perdió la primera manga en un disputado desempate, pero luego dominó las tres siguientes sin conceder demasiadas opciones a su rival: 6-7 (6-8), 6-3, 6-1, 7-5. El único peligro le llegó en la última manga, cuando Puerta dispuso de 5-4 y el saque en su poder para forzar un quinto set. Pero Nadal restó de forma increíble y cerró el juego devolviendo una dejada mortal y voleando dos veces seguidas.

Luego, tras apuntarse el siguiente juego con su servicio, Rafael decidió el partido en el primer *match ball* del que dispuso; pero no fue fácil. Nadal estaba al resto. Puerta lanzó la bola buscando el *ace*. Pero su servicio salió fuera. Y fue entonces, con el segundo saque del argentino, cuando a Nadal le invadió un sentimiento de temor que, pasado el tiempo, aún recuerda como si lo estuviera viviendo en ese mismo instante.

—Temí lo peor. Habría preferido que entrara el primer saque porque estaba preparado para restarle. Pero ahora, en cambio, la situación era otra. Ahora me obligaba a medir muy bien la distancia, a arriesgar, y a no fallar. Temía hacer una caña y pensaba para mí: «Fallaré, seguro, fallaré».

Nadal notó que la boca se le secaba y que la presión atenazaba su cuerpo por completo. Tenía la gloria al alcance de la mano pero se le podía escurrir entre los dedos. El silencio en la pista era estremecedor.

«Debo calmarme y entrar la bola, conseguir que pase la red», se dijo.

Puerta hizo un segundo saque sin arriesgar. Rafael no lo aprovechó, se limitó a restar la bola como pudo, y la devolvió a media pista dándole al tenista argentino la oportunidad para que le machacara. Sin embargo, Puerta también estaba tenso; tanto, que no controló su golpe y la bola salió unos centímetros lejos de los límites de la pista.

—¡Fuera! —gritó Nadal.

Y a continuación el éxtasis, la euforia; los Nadal que saltaban en el palco de jugadores, abrazándose; Rafael que se dejaba caer de espaldas sobre la pista y se rebozaba de tierra; el Rey de España que no lograba contener su alegría en el palco presidencial y la pista, toda, que explotaba en un sonoro aplauso.

—Fue un momento mágico, único, tal y como había soñado durante toda mi vida —explica.

Aún hoy, no logra quitarse de la cabeza el recuerdo de las emociones que sintió cuando se dejó caer en el suelo tras aquel último punto que no fue capaz de ganar, que tuvo que perder Puerta y que le elevó a la gloria y le convirtió en el más joven de los siete campeones españoles que han inscrito su nombre en el palmarés de Roland Garros: Manuel Santana (1961 y 1964), Andrés Gimeno (1972), Sergi Bruguera (1993 y 1994), Carlos Moyà (1998), Albert Costa (2002) y Juan Carlos Ferrero (2003).

Puerta le ayudó a levantarse del suelo. Y después, Nadal se acercó corriendo al palco presidencial para abrazarse al rey Juan Carlos I. Lo primero que le dijo el monarca, tras felicitarle calurosamente por su triunfo, fue disculparse por la ausencia de la reina; había tenido que marcharse del palco durante el segundo set para tomar un avión a Barcelona y asistir al parto del cuarto hijo de la infanta Cristina.

—Doña Sofía ha tenido que irse por el nacimiento de una nueva nieta. Nos has hecho disfrutar mucho —le dijo el Rey, cogiéndole por el cuello.

Luego, de un salto, Nadal se encaramó hacia el palco de jugadores. Allí se abrazó con todos: Toni, Carlos Costa, Juanan Martorell, su hermana Maribel, todos sus tíos y sus esposas; y al final, con su padre y su madre. Fue el momento más emotivo de su vida.

—Contuve mis lágrimas, pero sólo hasta que pude abrazarme a mi familia. Entonces, viéndoles a ellos, comencé a descubrir la dimensión de lo que había conseguido. Y era algo muy grande.

Más tarde, en la ceremonia de entrega de premios, Zinedine Zidane, el futbolista del Madrid y capitán de la selección de Francia, y uno de sus ídolos, se encargó de darle la Copa de los Mosqueteros, el trofeo que recibe el campeón de Roland Garros.

Lo celebró por todo lo alto en el Cafe de l'Homme en la plaza de Challiot, con vistas directas a la Tour Eiffel. La luz de la torre metálica más famosa del mundo iluminaba la cara de un Nadal que no escondía ninguna de sus emociones, que no paraba de sonreír a todo el grupo de elegidos —no muchos— que compartían aquel momento tan especial.

—Lo he conseguido —se repetía una y otra vez.

Estaba en una nube, henchido de felicidad.

—He ganado un Grand Slam y esto ya no me lo quita nadie —le dijo a su tío Miquel Àngel, quien estaba más eufórico que si hubiera ganado la Copa de Europa de fútbol—. Pero no me conformo con eso, quiero más.

—Rafael, hoy he sufrido 50.000 veces más que en un campo de fútbol. Ha sido increíble. Me han llamado todos mis ex compañeros del Barça para darme la enhorabuena y transmitirte su felicitación.

Miquel Àngel se sentía feliz porque aquella victoria confirmaba las ilusiones que tenía puestas en la calidad de su sobrino como tenista.

—Más de uno debe de estar comiéndose las uñas —le comentó.

Miquel Àngel se refería a que, años atrás, les había ofrecido a los responsables de la firma Reebok la posibilidad de firmar un contrato publicitario con Rafael aunque estos, al saber que el tenista que les estaba recomendando era su sobrino, prefirieron no arriesgarse y se limitaron a darle ropa para jugar.

—Sólo he recomendado dos veces a alguien que pensaba que era bueno y en ninguna me hicieron caso. Uno era Rafael y el otro era Tristán, el delantero centro de la selección, del Mallorca y del Deportivo de la Coruña —recuerda ahora Miquel Àngel como una anécdota divertida.

La fiesta se alargó hasta altas horas de la noche y concluyó en una discoteca de los Campos Elíseos. Al día siguiente, sin tiempo para descansar, e igual que había hecho Carlos Moyà cuando ganó el título en 1998, Nadal cogió un avión para viajar a Halle (Alemania) dispuesto a iniciar su preparación sobre hierba y evitar las celebraciones y homenajes.

Pero su triunfo desbordó todas las expectativas. Daba la impresión de que todo el mundo comprendía que lo que acababa de lograr el manacorí no era más que el inicio de un largo periplo cuyo final no llegaba a vislumbrarse. Su dimensión era enorme.

Aquel éxito había sido ya cantado con anterioridad por comentaristas de televisión tan destacados como John McEnroe, Mats Willander o por el mismo Emilio Sánchez Vicario, entonces en TVE.

«No veo a nadie capaz de ganar a Nadal», dijo entonces el irrepetible McEnroe. Y añadió: «Nadal es el mayor fenómeno que ha creado el tenis desde hace muchos años. Y será una bendición para este deporte».

La explosión fue entonces tan brutal que desbordó cualquier previsión. Recibió felicitaciones de todas partes: desde la Moncloa, pasando por todas las autoridades deportivas españolas, hasta de gente de los lugares más remotos y recónditos del planeta. Le llegaron miles de correos electrónicos a su web, muchos de los cuales eran de chicas que querían casarse con él. Su imagen recorrió todo el mundo, abriendo los informativos de televisión y llenando las portadas de los periódicos más importantes de todo el planeta. Todos entendieron que Nadal no sólo era un gran campeón de tenis, sino un fenómeno deportivo de los pocos que atravesaban la frontera de lo puramente deportivo para convertirse en un icono social.

Sin embargo, su tío Toni se negó a que la fiesta se prolongara demasiado.

—No me gustan las celebraciones, eso hay que dejarlo para cuando termines tu carrera deportiva —les dijo a Rafael y a Carlos Costa.

Al día siguiente, mientras desayunaban, y antes de marcharse a Manacor, el técnico dejó una nota a Rafael para que la leyera durante el viaje hacia Halle. Nadal se fue a la Torre Eiffel para someterse a una sesión fotográfica como campeón de Roland Garros; y cuando terminó, se marchó al aeropuerto. Estaba en el avión, junto a Costa, cuando abrió la nota que le había dejado su tío. Era una reflexión inesperada. «Hay cosas que puedes y debes mejorar», le escribía Toni para que reflexionara y comenzara a olvidarse de la euforia desmesurada en la que parecía haberse instalado. Y la nota proseguía: «Creo que Puerta ha jugado un mejor tenis que tú, porque sus golpes de drive han sido más ajustados y potentes que los tuyos. Ha arriesgado más. Creo que debes jugar más agresivo. Hay cosas que debes corregir».

Toni, no obstante, tampoco podía quitarse fácilmente de la cabeza el éxito de su sobrino mientras regresaba a Mallorca.

—Para mí, que toda la vida había estado viendo ganar torneos del Grand Slam a gente como Lendl, McEnroe, Borg y Nastase, el que más me gustó, y a todos los españoles en París, ver a Rafael levantando la copa fue como un gran respiro, una emoción inmensa —reconoce Toni—. Cuando eres entrenador y ves que has cogido el camino hacia todo esto, sólo piensas en llegar. Y cuando lo haces, te invade entonces una emoción enorme, inexplicable.

—Pero ahora, todo empieza de nuevo —dice Nadal, mientras va concluyendo sus recuerdos y su mente le va situando en la realidad del momento que está viviendo.

Está a finales de mayo de 2006, justo antes de comenzar su segundo Roland Garros. Y lo afronta sabiendo que todo el mundo espera que vuelva a ganar.

—No será tan fácil. Todos quieren verme en la final, enfrentándome a Roger Federer. Y ojalá sea así —comenta Nadal—. Para mí, sería la final deseada. Ganar el torneo, superando al número uno del mundo, es lo más grande que puede ocurrirme. Pero antes debo llegar a la final y me queda un largo camino por recorrer.

El lunes 22 de mayo ha estado en Barcelona recibiendo uno de los Laureus, un premio que pretende ser como el Óscar del deporte, y en el que durante la gala ha recibido el trofeo a la mejor revelación del año. Allí ha estado compartiendo mesa no sólo con Federer, premiado como el mejor deportista mundial, sino también con Johan Cruyff, el técnico que había dirigido a su tío Miquel Àngel en el Barcelona, y con Flavio Briatore, el director de la escudería Renault y jefe de Fernando Alonso en el Mundial de fórmula 1. Se lo ha pasado en grande escuchándolos a todos, especialmente a Briatore, ya que Nadal es un auténtico loco de la fórmula 1 hasta el punto que, el día de la final del Godó, retrasó la salida a la pista para poder ver la última vuelta del Gran Premio de Monza y la espectacular pugna que mantuvieron Alonso y Schumacher.

A la mañana siguiente, martes, viaja de nuevo; esta vez con destino a Palma de Mallorca para participar en una exhibición que ha montado IMG y en la que participan Carlos Moyà, el bielorruso Max Mirnyi, la italiana Flavia Penetta —novia de

Moyà— y la rusa Svetlana Kuznetsova. Dos días después, jueves, viaja a París y entrena ya ese mismo día en Roland Garros con Moyà. El viernes acude al sorteo y saca las bolas de los cabezas de serie femeninos mientras Justine Henin, campeona femenina, hace lo propio con los cabezas de serie masculinos. El sábado realiza un *clinic* de Nike con Juan Mónaco en los Campos Elíseos. Y el domingo, entrena primero con Juan Carlos Ferrero y luego con Thomas Berdych. Más tarde, ve el Gran Premio de F-1 de Montecarlo en televisión. No tiene tiempo ni para jugar con la *play station*.

Cuando ahora atraviesa el recinto de Roland Garros necesita ir acompañado y protegido por varios miembros de seguridad del torneo. A Nadal le gusta el contacto con la gente y no le importa pararse a firmar autógrafos, pero hacer eso en Roland Garros es una auténtica locura porque, en cuanto le reconocen, se produce el caos. A pesar de ello, Nadal se salta muchas veces las normas de seguridad y, enfundado en su chándal y con una gorra calada hasta las orejas para evitar que lo reconozca la gente, sale corriendo en solitario para ir a las pistas de entrenamiento o simplemente para ir de un lado a otro. Es, probablemente, el personaje más perseguido de París, junto a Roger Federer.

Su camino en el torneo comienza el lunes ante el sueco Robin Soderling, un rival muy asequible. Es un partido fácil, pero en el que, como ya hemos reseñado, está en juego el récord de partidos consecutivos ganados en tierra batida. Rafael lo superará con relativa facilidad y no volverá a jugar el próximo partido hasta el jueves. Esto le disgusta. «No es lo mejor para mí», declara. «Prefiero no tener tantos días de descanso entre partido y partido». Habitualmente, son sólo dos días; pero esta vez el torneo se ha iniciado el domingo por primera vez en la historia y los organizadores han debido ajustar algunos horarios. El martes, Nadal aprovecha para pasear por los Campos Elíseos con Carlos Costa. Entran en el FNAC, visita la sección de electrónica, la de cámaras de vídeo y fotografía, y mira los videojuegos, las últimas novedades. Pero no compra nada. Los entrenamientos son algo más relajados estos dos días.

El jueves, entra ya en tensión. En el calentamiento matinal comienza a ponerse nervioso al ver que no consigue meter las bolas dentro de los límites de la pista.

—Algo raro está pasando —le dice a Toni, quien no parece estar demasiado preocupado—. Las pego como siempre, pero se me van un metro fuera. No es normal.

Sin embargo, su preocupación crece a medida que el entrenamiento avanza y la situación no se resuelve. Cada vez está más cerca el partido contra el estadounidense Kevin Kim y las sonrisas y bromas dejan paso a los nervios. Así, hasta que Nadal descubre estupefacto que sus raquetas no llevan los cordajes habituales. Los que lleva ahora son mucho más finos. Él juega con una galga de 35 milímetros y se las han encordado con una de 30 que despide mucho más la bola.

—Ha sido un error del proveedor —se justifica Costa, quien se pone de inmediato a buscar cordajes de 35.

La espera se hace angustiosa.

—¡Tenía que pasarme precisamente en Roland Garros! —se queja Rafael, mientras su tío intenta tranquilizarle.

La hora del partido está cada vez más cerca. Afortunadamente, está lloviendo y los encuentros se retrasan. Nadal se siente perdido por primera vez en mucho tiempo. Piensa que, si no se soluciona el problema, puede llegar a perder el partido... está seguro.

—No logro controlar la bola, no puedo hacer mi juego con estas raquetas —le insiste a su tío, quien nunca ha prestado demasiada importancia a las obsesiones que tienen los jugadores con sus raquetas.

Pero lo cierto es que hay jugadores que pueden llegar a reconocer si su raqueta pesa un gramo más o la tensión del cordaje no está a la presión que ellos quieren. Cuando Rafael era pequeño, y le comentaba cosas de este estilo, Toni se limitaba a decirle que se dejara de tonterías y que se fijara más en controlar la bola para meterla dentro de la pista.

—A mí nunca me ha gustado que Rafael lo tuviera todo a punto. Bolas nuevas, raquetas perfectas, una pista excelente y sin un mal bote... Una situación así no es normal y no favorece en tu vida —opina Toni—. Para mejorar, hay que superar dificultades. Eso es lo que te hace fuerte de verdad.

Finalmente, Costa aparece con unos cordajes para poder montar en tres raquetas. Nadal se calma un poco.

—No son las cinco raquetas que me llevo a la pista para cada partido, pero creo que con tres podré jugar —le comenta a Costa.

No tendrá necesidad de utilizarlas ese día porque el partido debe aplazarse por falta de luz natural. Y al día siguiente, Nadal ya recibe todos los cordajes buenos que necesitaba. De esta forma, todo vuelve a estar en su sitio cuando se enfrenta a Kim, al que gana sin dificultades.

En tercera ronda le espera el francés Paul-Henri Mathieu, número 32 del mundo. No debe de ser un problema para él, pero Mathieu ha dicho a la prensa: «Apuesten por mí, es seguro». Y durante la primera manga, demuestra que es capaz de superar a Nadal. Tras igualar el partido, Nadal se atraganta al comer medio plátano casi sin masticarlo y se ve obligado a parar y pedir asistencia médica. «Casi no puedo respirar», le dice a su tío con gestos. Le aconsejan que beba agua, que se tranquilice. Acaba ganando el partido en cuatro mangas, pero sale de la pista central abucheado por el público, como ya le sucedió el año anterior ante Gasquet y Grosjean.

—Eso es muy feo. Y no lo entiendo. He dado lo mejor de mí mismo y me lo pagan así —dice, con tristeza.

Mathieu define a la perfección la sensación de cualquier jugador cuando se enfrenta a Nadal. «Durante las casi cinco horas de partido no le he visto relajarse ni un momento. Jugar contra él es tan difícil física y mentalmente, que acabas por olvidarte incluso del resultado y concentrándote en cada punto porque sabía que si me relajaba me pasaría por encima».

A Mathieu le siguen el ex número uno del mundo, Lleyton Hewitt, ahora número 14, y fuera de su mejor superficie, al que Nadal gana en cuatro sets. Los dos últimos obstáculos antes de la final son el serbio Novak Djokovic y, ya en las semifinales, el croata Ivan Ljubicic.

Todo apunta hacia la gran final ante Roger Federer.

Nadal se siente cada vez más sólido, más consistente. Se ve capaz. Y avanza con paso firme.

Cuando, en semifinales, supera a Ljubicic, se arrodilla sobre la pista y, feliz, levanta los brazos. Son las 18.23 de la tarde del 9 de junio en París.

Por segunda ocasión, Nadal lo ha conseguido. El domingo jugará la final de Roland Garros otra vez y lo hará ante Federer. Es la final que todos querían ver desde que comenzó el torneo: el número uno del mundo contra el número dos, algo casi imposible de presenciar en París por la dureza de un torneo en el que los mejores deben enfrentarse a especialistas en tierra a los que muchas veces les resulta imposible derrotar. Será una final al máximo nivel, un cruce de estilos que enfrentará al tenista que mejor ataca del mundo contra el que mejor defiende. Un duelo entre el número uno mundial —que quiere conquistar la tierra en la que nunca ha triunfado— y el campeón dispuesto a defender el territorio en el que se ha mostrado indestructible.

—Hace unos meses no pensaba para nada volver a estar ahí —dice Rafael.

Pero lo ha conseguido, vuelve a estar en la final de Roland Garros. Una gran satisfacción le embarga. Compara sus emociones con las de su primera final y concluye que son distintas. Ahora es capaz de encararla de forma más serena.

—Esta vez, probablemente, estaré mucho más tranquilo —valora.

Sin embargo, es consciente de que el público estará del lado de Federer.

—No me apoyaron ni siquiera el año pasado y no van a hacerlo ahora —reflexiona, y añade—: Supongo que no les gusta ver a tantos españoles ganar en París. Pero a mí todo eso no me preocupa. Yo debo ir a lo mío, a pegar la bola, a darlo todo.

Su familia ha llegado a París para ver las semifinales. Desde que ha logrado su clasificación, Rafael vive con intensidad cada instante. Y sorprendido, descubre que tiene dos sensaciones contradictorias. Por un lado, se va tensando a la espera del momento decisivo en que saltará a la pista para encontrarse de nuevo con su gran rival, con el hombre que marcará de forma ineludible toda su carrera: Federer. Pero por otro, Nadal se siente relajado, contento.

Por la noche se va a cenar con toda su familia: sus padres, su hermana, sus tíos Toni y Miquel Àngel y sus esposas. Hasta el sábado por la mañana no quiere pensar en la final, aunque durante la cena, y como no podía ser de otra manera, se convierte en el tema central de las conversaciones. Todos le hacen broma y le animan.

El sábado intenta seguir la rutina de entrenamientos de cada día y no tener presente la final. Pero no es fácil.

Nadal debe cumplir con varios compromisos. Por la mañana, una sesión fotográfica que le ha preparado la ATP en un puente del río Sena; y al mediodía, después del entrenamiento, y casi sin tiempo para comer, una entrevista conjunta con todos los enviados especiales de la prensa española desplazados a París.

Cuando acude a entrenar a Roland Garros, le programan la sesión en la pista 4, la misma que utilizará poco después Federer. Se ven, mientras el suizo está firmando autógrafos, y se saludan de forma fría.

Luego, una vez se encuentra en el vestuario, recibe un mensaje en su móvil. Le han rebotado una disculpa que Ljubicic ha escrito para él: «No me interpretes mal, me gustaría que Federer ganara porque es muy amigo mío; pero no tengo nada en contra tuyo».

En el partido de semifinales que les enfrentó, el croata se mostró muy quejoso de la lentitud con la que Nadal hacía los saques y, aún caliente por su derrota, cuando le preguntaron en la conferencia de prensa quién prefería que ganase la final, mostró su preferencia por Federer: «Me gustaría ver ganar a Roger y creo que a todo el mundo también. Sería muy bonito verle levantar la copa el domingo».

Nadal agradece su sinceridad, pero evita entrar en cualquier polémica que pueda perjudicarle o distraerle. Ahora sólo tiene un objetivo: preparar el encuentro contra Federer. Y así lo hace en el entrenamiento, ante la atenta mirada de Toni y de más de doscientos aficionados que llenan las gradas de la pequeña pista. Después, tras hablar con la prensa y comer, regresa al hotel.

Por la noche, el presidente autonómico de las Islas Baleares, Jaume Matas, ha organizado una gran cena con varias personalidades y unos treinta invitados a la que debe de acudir Rafael. Pero finalmente no va. No quiere un baño de masas antes de un partido tan importante. Prefiere quedarse en el hotel. Más tarde, llama a la pizzería en la que habitualmente ha comido estos días para que les traigan la cena que comparte con Toni, Miquel Àngel y Jordi Robert, de Nike. Nadal come gambas, calamares fritos y una pizza de anchoas, sin queso ni tomate porque no le gustan. Juntos, ven el partido de Argentina de la Copa del Mundo de fútbol que acaba de comenzar. Están animados. Durante la velada, Miquel Àngel les cuenta infinidad de anécdotas de su etapa en la selección española de fútbol.

El domingo es el gran día. Llega la final. Rafael no quiere hacer nada especial. Se prepara como cualquier día de partido.

Sale del hotel por la mañana, y se va al Centro Nacional de Tenis de Roland Garros. Realiza los estiramientos, la preparación previa habitual. Sale a la pista central a calentar unos treinta minutos. Se ducha y se prepara para la final. El restaurante de jugadores se queda sólo para él. ¡Qué diferencia con los primeros días, cuando había *overbooking* en las mesas y había que hacer cola para todo! Come un plato de pasta y un inmenso bistec con patatas fritas, el menú de cada día. Y luego, se va al vestuario y se concentra. Espera la hora. Juanan Martorell le venda los tobillos y Nadal habla con su tío Toni y se distrae viendo la televisión y escuchando música de La Oreja de Van Gogh, Laura Pausini y David Bisbal.

Más tarde, prepara sus raquetas. Salta y hace *sprints* por el vestuario, gritando en el baño:

—¡Vamos, *Nadale*, vamos!

Impresiona verle así, saltando y corriendo por los pasillos del vestuario, animándose a sí mismo.

Todo está en orden y listo para empezar. En su interior, Rafael está tenso y, a pesar de que ha superado al suizo en las últimas cuatro veces que se han enfrentado, duda de que pueda volver a ganar a Federer.

Toni lo ve preocupado y le insiste:

—Tranquilo, le ganarás —le dice, con la confianza y credibilidad de quien sabe que está afirmando una verdad absoluta. Y prosigue—: Te lo digo con toda la convicción. Le hemos visto jugar contra Nalbandián y Ancic y sabes que, cuando le alargaban las bolas liftadas, Federer tenía problemas. Tú mismo pudiste observar que no rascó bola durante un buen rato contra Nalbandián. Estoy seguro de que en algún momento del partido la presión le afectará; lo que no sé es si será cuando tú estés por ganarle o cuando él sienta que la final se le escapa.

Cuando llaman a Nadal para saltar a la pista, su corazón da un vuelco. No obstante, nadie de los que están junto a él nota que está nervioso. Pero lo está, y así se lo ha reconocido muchas veces a Toni:

—Es siempre el momento más difícil. Sales del vestuario y vas hacia la pista sintiendo tus propios pasos, los oyes con claridad, uno tras otro. El camino hasta llegar se hace muy largo, eterno. Me siento solo.

—Bueno, a Federer le debe de pasar lo mismo —le hace reflexionar ahora su tío, restando trascendencia a sus preocupaciones.

Y por fin, escucha su nombre: «¡Rafael Nadal!». Quince mil personas le aplauden y él salta a la pista, levanta el brazo, se acerca a la silla, deja sus raquetas e intenta tranquilizarse. Mira al palco de jugadores, su tío aún no ha ocupado su silla; siempre es el último en sentarse. Ve a sus padres y a los Duques de Palma, la infanta Cristina e Iñaki Urdangarín. La central de Roland Garros es un hervidero y no queda un asiento vacío. Todo está a punto para la gran final. Nadal hace *sprints* cortos, salta, mueve los brazos hacia el palco, hacia la red. Una y otra vez. Asusta. Federer se lo mira y se dirige con calma al centro de la pista para realizar el sorteo del saque. El suizo elige.

La final comienza. 1-0, 2-0, ¡3-0! Algo no funciona. Federer le está dominando con una facilidad inesperada.

«Mis piernas no responden, apenas las siento», piensa Nadal con preocupación.

La presión puede con él. Está agarrotado. Sus golpes no fluyen con nitidez y su cabeza parece bloqueada.

«No, no; debo tranquilizarme, estoy demasiado nervioso. El partido se me está escapando y no puedo hacer nada», se dice cuando toma asiento en uno de los cambios de pista.

Federer juega con la solvencia y serenidad de un número uno. Saques potentes y ajustados, *drives* a la línea, un revés concluyente, expeditivas resoluciones de puntos en la red, rápido de reflejos, veloz de piernas y sin apenas cometer errores. Impresionante. 5-0.

Nadal mira con preocupación hacia su palco. Toni permanece impertérrito y, con la mirada, le dice que aguante. Carlos Costa y su tío Miquel Àngel le animan cuando se dispone a sacar para evitar el rosco.

Y lo logra; por fin, consigue su primer juego.

Lanza el puño hacia el cielo.

—¡Vamos! —grita.

Pero no puede impedir que Federer gane la primera manga por 6-1.

Sin embargo, es evidente que algo ha cambiado. Ese primer juego que se ha anotado le tranquiliza. Nadal inicia el segundo set ganando su saque. Se siente mejor, lo peor parece quedar atrás, aunque Federer sigue sin bajar el ritmo. En el segundo juego, el suizo se coloca 40-0 y parece que va a ganarlo. Pero cuando Rafael conecta el siguiente resto sobre la línea ve un gesto de duda y preocupación en su rival.

«No es el mismo», se dice.

Tiene razón. Federer falla tres golpes seguidos y Nadal le hace el primer *break*. Su moral crece. El partido ya no será igual. Ahora es el número uno quien se ha ido de la pista. Federer está nervioso, le pasa lo mismo que en el partido contra Nalbandián cuando, en la primera manga, perdió por completo el control de su juego y era incapaz de meter las bolas dentro de los límites de la pista. Nadal lo aprovecha y le devuelve el 6-1.

Y entonces comienza otro partido.

Los dos han logrado calmarse. Ambos están dando lo mejor de sí mismos. De manera fugaz, Rafael recuerda lo que momentos antes de salir a la pista le ha dicho su tío en el vestuario:

—Ganarás. Confía en ti.

Él es un luchador nato, un jugador al que no le importa sufrir. Corre de una punta a otra de la pista, alcanza bolas imposibles, obliga a Federer a dar al menos tres golpes ganadores para anotarse un punto. Nadal sabe que su físico no va a traicionarle. El suizo no está acostumbrado a todo esto; normalmente gana los puntos más fácilmente, con una derecha sobre la línea, ¡zasss!, con un saque angulado, con un revés paralelo. Desborda. Pero la tierra batida de París es más lenta que la hierba de Wimbledon o el cemento del Open de Estados Unidos. Y eso da tiempo de reacción a Nadal.

La tercera manga cae del lado del manacorí, y Nadal corre hacia su silla cuando gana el último punto.

En el palco, los rostros de su familia están ya más tranquilos. Toni, quien nunca parece inmutarse, se muestra tan confiado como le había dicho antes de empezar el partido. En su fuero interno, cree que el destino de la final ya está marcado. Miquel Àngel Nadal ya no tiene que gritar tanto las consignas que le da su hermano para evitar, de esta forma, que el juez de silla pueda amonestar a su sobrino por *coaching*. Y en el otro bando, justo tres sillas al lado, Tony Roche, el entrenador de Federer, no oculta ya su preocupación. Entretanto, Mirka, la novia del suizo, se muerde las uñas con nerviosismo.

El panorama ha cambiado. Pero Nadal sabe que Federer es un auténtico número uno y que aún puede reaccionar.

«Puede hacerlo», piensa cuando regresa a la pista con 5-4 a su favor en el marcador del cuarto set y servicio en su poder para ganar la final.

Y ocurre lo que no quería. No está acertado con el saque y Federer lo aprovecha para igualar el marcador y forzar el desempate. Nada está decidido. Se van a tener que jugar el título en el *tie break*, una lotería con un premio muy importante en juego. Serán once puntos a cara o cruz. Federer hace un último esfuerzo y ofrece de nuevo lo mejor de su repertorio, pero no puede evitar que Nadal se coloque con ventaja de 6-4. Tras tres horas de juego, llega el momento clave, la hora de la verdad: el que decide la victoria o la derrota.

—¡*Match ball*! —exclama McEnroe desde la cabina de retransmisiones de la CBS.

—¡Bola de partido! —repite Àlex Corretja en TVE.

Y en la pista, un silencio sepulcral marca la máxima tensión.

Nadal sigue su ritual de costumbre. Pide su toalla a un recogepelotas, se seca los brazos, la frente. A continuación, elige tres bolas, las sopesa, las hace botar, y devuelve una de ellas. Bota la escogida una vez, dos, tres, cuatro... y la lanza hacia el cielo con determinación para intentar conectar un buen saque. Federer resta bien. Pero en el siguiente golpe, una semivolea de drive, el mallorquín envía la bola angulada hacia el revés del suizo. Federer corre, se estira desesperadamente, ¡pero no llega!

—¡Punto, set y partido! —se escucha con poca nitidez a causa de la atronadora explosión de aplausos de un público al fin rendido a Nadal.

Sin darse cuenta, Rafael se ve sentado en el suelo, manchado de arena roja. No sabe ni qué siente, es incapaz de pensar; sólo mira hacia el cielo. Vive un momento de máxima intimidad, una emoción muy distinta a la del año anterior. En un segundo, pasa por su cabeza todo el sufrimiento causado por su lesión en el pie izquierdo, todas las dudas, los malos ratos pasados en casa, el apoyo de sus padres, de su tío, de todos los que le rodean. Y cuando se levanta, se ha reencontrado consigo mismo.

Nadal da la mano a Federer, se abraza a la infanta Cristina y a Iñaki Urdangarín, salta hacia el palco de jugadores y, mientras recibe las felicitaciones de Toni, Miquel Àngel, sus esposas, su hermana, de Carlos Costa y de todo su equipo, sólo tiene una idea fija en la cabeza: abrazar a su padre, Sebastià.

El abrazo se alarga, se hace interminable. Los dos están llorando.

—Gracias por todo, papá —solloza Rafael.

Y su padre, siempre tan sereno y tranquilo, tan dueño del control de sus emociones, se deja ir esta vez, incapaz de soltar a su hijo. En un segundo ha pasado por su cabeza la imagen de su hijo, recién nacido, cuando Ana Maria le animó a que lo tomara en brazos y él lo vio allí enfrente suyo, tan frágil, pero a la vez despierto, con sus ojos grandes, marrones, abiertos de par en par, intentando levantar su cabeza y mirando a un lado y a otro. Se emocionó, se sintió la persona más feliz del mundo y ahora, allí en las gradas le embarga un sentimiento parecido. Le estrecha con sus brazos y le ve todavía como aquel chiquillo inquieto, alegre y feliz con el que jugaba al fútbol en el pasillo de su casa cuando sólo tenía dos años. Ahora están uno frente al otro, en la central de Roland Garros y Rafael le mira con esos mismos ojos marrones, brillantes y la misma sonrisa de felicidad con la que de pequeño celebraba un gol o una canasta en la mini cesta de básquet que tenía en su cuarto.

—Sí, Rafael; sí, lo hemos logrado —le dice, feliz, mientras su pensamiento vuela hacia Manacor cuando, tan solo unos meses atrás, no tenían ninguna certeza de que pudieran llegar a vivir este momento.

Ana Maria, su madre, los contempla emocionada. Ella también ha sufrido y gritado «¡Rafa, Rafa!» hasta quedarse casi afónica. Durante el partido lo ha pasado fatal; no porque su hijo pudiera perder, sino porque al inicio del partido vio que Rafael «se sentía muy solo ahí abajo». Posiblemente tan solo como el día que nació. Y le veía ahí, en la pista, mientras buscaba sus miradas de complicidad. Ella lo conoce más que nadie y está contenta de verle feliz. No por su éxito deportivo porque nunca ha pensado en eso desde que Rafael juega al tenis y nunca le ha puesto metas a su hijo en ese sentido. No puede entender a esos padres que se desviven para conseguir el éxito de sus hijos y son capaces de cualquier cosa.

—Sí, ahora estoy contenta. Pero tampoco puedo olvidar los momentos de sufrimiento, en los que lo ha pasado mal. Rafael es todo corazón, cariñoso, extrovertido, trabajador y mucho más maduro que los muchachos de su edad. En la pista se comporta como en la vida. Y esta victoria me alegra por él, porque le compensa de sus sufrimientos y porque al fin le veo otra vez contento —explica Ana Maria que siempre prefiere mantenerse en un segundo plano.

Por fin, después de superar momentos muy difíciles, todos pueden respirar tranquilos y dejar que broten unas emociones contenidas durante demasiado tiempo.

—Ni cuando ganó el año pasado sentí algo tan especial como ahora —confiesa Sebastià—. Nunca antes había llorado en un partido de tenis. En Montecarlo y Roma vi que todo volvía a su cauce, pero este Roland Garros nos demuestra que su recuperación es total. Y me alegro de verle tan feliz.

¡Dos títulos de Roland Garros! Como Manolo Santana, como Sergi Bruguera, a uno sólo de los tres de Arantxa Sánchez.

—Serás el más grande de la historia del tenis español —le dice Santana, quien abrió el palmarés de los españoles con sus triunfos en 1961 y 1964.

Nadal vuelve a la pista y el sueco Stefan Edberg, uno de los grandes tenistas que nunca logró ganar en París, le entrega el trofeo que un día él tuvo tan cerca como Federer pero que se lo arrebató el estadounidense Michael Chang, el tenista más joven que nunca antes ha ganado Roland Garros.

En el podio, montado en la central, Nadal no puede ser más feliz. Está junto a Edberg, Federer y el presidente de la Federación Francesa de Tenis, Christian Bimes, quien con una sonrisa forzada ha tenido que ver una vez más cómo un tenista español levantaba la copa en París. Dos años y dos títulos. Catorce victorias y ninguna derrota. Nadie ha podido aún con Nadal en Roland Garros, aunque es consciente de que esta racha acabará algún día. Federer le elogia y reflexiona sobre su derrota. «A lo peor, al final de mi carrera, pensaré que ésta era la oportunidad perdida», dice el suizo.

A continuación, con la Copa de los Mosqueteros en sus brazos, Nadal dedica sus mejores palabras a su rival: «Federer es el adversario más increíble al que me he enfrentado. Es el mejor jugador de la historia. Nunca había visto a un tenista tan completo». Sus palabras resuenan a través de los altavoces de pista, pero una pésima traducción hace que el público le silbe al creer que todos los elogios se los dedica a sí mismo. Ninguno de los dos jugadores comprende nada.

Pero da lo mismo. Las celebraciones prosiguen. Aunque en esta ocasión, serán pocas. Al día siguiente, Rafael Nadal acude a la sesión fotográfica del ATP Tour y coge un tren hacia Londres.

Le espera Wimbledon, la hierba. Su otro gran sueño secreto.

CAPÍTULO 4

EL SUEÑO DE WIMBLEDON

Nadal es increíble, aguanta lo que le eches y devuelve todavía más. Es como un 'punching ball' al que golpeas y golpeas pero al final te acaba dando en la cara.

ANDRE AGASSI, tras su partido
ante Nadal en Wimbledon 2006

Orgulloso. Feliz. Satisfecho. Después de dos largos meses, la misión más difícil se ha cumplido. Y ni él habría apostado por un final mejor. Nadal se marcha de París con el segundo título de Roland Garros y una racha abierta de sesenta victorias sin perder en pistas de tierra batida, un récord para la historia que aún podrá aumentar. Sentado en el tren Eurostar que le traslada a Londres bajo el canal de La Mancha, se siente por fin relajado y tranquilo. La presión y el agobio que ha tenido durante los últimos meses han desaparecido.

—Por momentos me he sentido acorralado, como si no tuviera derecho a perder un partido, a fallar alguna vez —ha confesado a su entorno—. Daba la impresión de que nadie contaba con esa posibilidad.

Por este motivo ahora, en el asiento del tren, observando el paisaje a través de la ventanilla, y acompañado únicamente por Benito Pérez Barbadillo, siente una sensación de libertad que no recordaba desde hacía tiempo.

Por la mañana ha cumplido con el último acto oficial como campeón del torneo francés, una sesión de fotos para la prensa gráfica y las cadenas de televisión. El escenario elegido ha sido la plaza de la Concordia, en los Campos Elíseos, cerca del hotel donde se ha alojado en París durante las tres últimas semanas. Allí, por enésima vez, con el Arco del Triunfo al fondo, Nadal ha levantado la copa de los Mosqueteros, el trofeo en el que ha inscrito su nombre por segundo año consecutivo.

Philipe Bouchon, responsable de los medios gráficos en Roland Garros, se ha encargado de llevar la copa en una camioneta de la organización.

—Señores, tienen quince minutos para hacer sus fotos —ha anunciado.

Relajado y paciente, Nadal ha posado con la mejor de sus sonrisas ante el grupo de fotógrafos y cámaras de televisión que se agolpaban, uno al lado del otro, buscando la mejor imagen. Es la foto que será portada de los periódicos del día siguiente. Igual que la que hoy, 12 de junio de 2006, Nadal ha visto mientras desayunaba en el hotel en la primera página de *L'Equipe*. Una imagen en la que se le ve sentado en la pista central, rebozado de arena roja y con los brazos levantados al cielo; una instantánea tomada pocos segundos después de vencer a Federer en la final y que, por un instante, le ha recordado a cuando era niño y le pedía a su padre que le ayudara a levantarse del suelo después de caerse. *Le Conquistador* (El Conquistador), titula a toda página el periódico deportivo francés. No es el único que destaca la hazaña.

En el resumen de prensa que le han ofrecido, ha visto más de un centenar de páginas de periódicos del mundo entero destacando su triunfo. Ninguno de ellos sale de su asombro ante su proeza. Y se nota. Desde que ha ganado, casi no ha tenido un minuto para relajarse. Las entrevistas y las llamadas telefónicas se han sucedido una detrás de otra, sin parar. Si hubiese podido, se habría esfumado. Todos querían saber sus impresiones, sus sentimientos, felicitarle por un éxito que para él ya es pasado.

—La tierra es historia. Ahora hay que pensar en la hierba —dice.

Desde hoy le espera la aventura inglesa. Roland Garros es pasado. Se acabó la tierra batida, un territorio en el que ha demostrado ser el mejor de todos. Ahora hay que prepararse para la hierba, una superficie que obliga a hacer un juego totalmente diferente. Se han terminado los deslizamientos por la pista, los largos peloteos y la lucha interminable. Ahora todo será distinto.

En Wimbledon, la concentración y las piernas son más fundamentales que en cualquier otro sitio. No puedes despistarte ni un instante. Hay que aprovechar la menor ocasión y evitar frustrarte si el rival logra tres *aces* seguidos.

—Debes mentalizarte de que los puntos no durarán los golpes que tú quieras —le ha advertido siempre Toni.

Nadal es consciente de que, al contrario de en la tierra, los desplazamientos por la pista de hierba deben de ser rápidos, con pasos cortos, casi siempre en cuclillas. ¡Pobres glúteos y cuadriceps! A sus músculos les espera un trabajo duro sobre un terreno donde deberá reencontrar nuevos automatismos e incluso una mentalización distinta para afrontar los partidos. Será un escenario donde el liftado, su mejor golpe, de poco le va a servir. En hierba es fundamental tener un gran servicio, un mejor resto y saber matar el punto en la red. Las jugadas se deciden en pocos segundos, hay que acabar el punto rápido para evitar complicaciones.

En esto Federer es un maestro y Nadal se siente un aprendiz, aunque está dispuesto a poner los cinco sentidos para llegar a dominar los secretos de un torneo que le encantó desde el primer día que pudo jugar en él.

—Quiero intentarlo de verdad —ha declarado a los periodistas quienes, minutos después de ganar Roland Garros, ya le preguntaban por sus opciones en Wimbledon—. Soy joven y sé que debo ser mejor jugador para tener opciones en la hierba. Necesito tiempo para encontrar las buenas sensaciones.

Nadal sabe que no será fácil. El calendario del circuito está muy apretado entre los dos Grand Slam. Desde la final de París hasta que se abran las puertas del All England Tennis and Croquet Club de Wimbledon, la catedral del tenis, apenas quedan cuatro semanas. Poco tiempo para adaptarse a un juego tan distinto. En dos participaciones como profesional sólo ha ganado tres partidos.

El año pasado, tras conquistar Roland Garros, se marchó al día siguiente a jugar el torneo alemán de Halle para empezar a practicar sobre hierba. Fue un desastre. En su cabeza aún revoloteaba la euforia por ganar su primer Grand Slam y fue eliminado en la primera ronda por el alemán Alexander Waske; a continuación, regresó a Mallorca donde, entre homenaje y homenaje, intentó preparar Wimbledon entrenándose sobre tierra. No era el mejor sistema.

Esta vez todo está más meditado y preparado. Nadal ha optado por jugar el torneo de Queen's en Londres y ha alquilado una casa en Wimbledon que compartirá con Feliciano López, su amigo y compañero de dobles. Su inmersión en la hierba va a ser total.

Varios meses atrás, cuando eligieron el calendario de la temporada, Toni le dijo:

—Quiero que este año juegues con otra mentalidad. El año pasado todo te vino de nuevo: ganar Roland Garros, la emoción que te supuso, los homenajes que te hicieron... Si quieres hacer algo en Wimbledon, tendrás que ser más profesional; olvidarte de todo lo que has conseguido y centrarte en la preparación del torneo. Si de verdad quieres mejorar en hierba, hay que sacrificarse más. ¿Estás dispuesto?

La experiencia de Halle le ha servido para tomar una decisión. Esta vez han descartado el torneo del multimillonario

Gerry Weber donde, desde hace siete años, Federer instala su campo base antes de asaltar Wimbledon. El suizo ha ganado los últimos cuatro títulos sobre la hierba alemana.

Buscando una mejor aclimatación, Nadal ha optado por aceptar la oferta de los organizadores del Queen's de Londres, el club más antiguo del mundo, fundado en 1886, y ubicado en el selecto barrio londinense de Kensington. En sus cuidadas instalaciones, los socios del exclusivo club pueden practicar hasta veinticinco deportes tan distintos como el rugby, el atletismo, el patinaje sobre hielo o el *jeux de paume*, un juego del siglo XVII practicado por los reyes y del que se dice fue el antecedente del tenis.

En el Queen's, los aficionados al tenis disponen de veintiocho pistas, una docena de ellas de hierba natural y muy similares a las que Nadal encontrará en Wimbledon, y donde se celebra el torneo que este año cuenta con una inscripción de lujo con la presencia de los estadounidenses Andy Roddick y Andre Agassi, el australiano Lleyton Hewitt, el británico Tim Henman y el ruso Marat Safin, entre otros.

Nadal está ansioso por llegar a Londres y empezar a entrenarse sobre hierba. Los últimos actos en París le han hecho perder el tren que tenía previsto tomar, motivo por el cual se ha retrasado unas horas su llegada a Queen's. Durante el viaje ha llamado varias veces a Francis Roig, el técnico que estos días le ayudará mientras no se reincorpore su tío Toni, quien ha aprovechado para volver a Manacor y estar con su familia.

—Resérvame pista para entrenar —le ha pedido a Roig—. Como hemos perdido el tren anterior, no llegaré antes de las cuatro; pero quiero jugar ya.

Nadal no pasa ni por el hotel para dejar el equipaje. Se dirige directamente desde la estación Victoria al club para poder dar los primeros golpes de raqueta y desentumecer los músculos.

Lo primero que hace al día siguiente, tras despertarse, es correr las cortinas de la habitación del hotel para ver el cielo. Está nublado y el parte meteorológico anuncia lluvia, esa maldita lluvia que tanto incomoda y desquicia a los tenistas y que puede que le rompa sus planes del día, aunque no su optimismo.

«Hay que contar con eso», reflexiona, sentado en el coche oficial que le lleva al Queen's donde debutará en el doble con Feli. «Si no se puede jugar, toca aguantarse.»

El estreno en los individuales no llega hasta el miércoles 14 de junio ante el estadounidense Mardy Fish, clasificado el número ochenta y seis del mundo, un buen conocedor de la hierba que acaba de ganar el torneo de Eastbourne. Nadal apenas ha entrenado en esta superficie, pero se siente cómodo y dispuesto a afrontar el reto. Antes de disputar el partido, ha estado en la sala del club viendo el debut de España en el Mundial de fútbol de Alemania.

—Me he ido a jugar cuando ya ganábamos a Ucrania 3-0 —le cuenta por la noche a Toni, quien le ha llamado desde Manacor para hablar de su victoria ante Fish (7-6, 6-1) y preparar el próximo partido contra Fernando Verdasco.

Nadal está feliz porque el saque le ha funcionado y siempre ha estado concentrado. Al día siguiente, la prueba es más dura. Verdasco, zurdo como él, y con un buen saque y un buen resto, le complica mucho más la clasificación para cuartos de final. Nadal necesita tres horas y tres disputados sets antes de lograr un triunfo que le anima a creer que está en el buen camino para Wimbledon. Y la confirmación la tiene el sábado, en la semifinal contra Hewitt, aunque se ve obligado a retirarse con molestias en el hombro cuando el marcador señalaba un set iguales (6-3, 3-6).

—El primer set he jugado casi perfecto —le dice a Toni por teléfono, poco después de retirarse del torneo—. Siento que estoy haciendo el mejor tenis de mi vida en hierba.

Nadal no quiere problemas. «Era una tontería seguir jugando», comenta a la prensa antes de tomar un avión de regreso a Mallorca. El descanso le vendrá bien para recargar baterías. Además, lo aprovechará para realizar un anuncio del reloj *Time Force*, marca con la que firmó un contrato pocos días antes de ganar Roland Garros. Pau Gasol será coprotagonista del spot.

Y después, directos a Wimbledon; a la vivienda que ha alquilado en Somerset Road a sólo 800 metros de la entrada número 16 del All England Tennis Club. Se trata de un dúplex moderno con todas las comodidades, para sentirse «como en casa». Esta vez viaja a Londres con su tío, con Juanan Martorell y Xisca Perelló, su novia desde hace unos meses y a la que ha intentado proteger manteniendo su relación en secreto para evitar el acoso de la prensa.

—Mi vida personal es mía, no me gusta salir en la prensa rosa —dice.

Pero no ha podido evitar ver ya las primeras fotos en alguna revista del corazón. Es el precio de la fama. Por este motivo, y aconsejado por su entorno, Nadal ha decidido hacer pública su relación de una forma natural.

—En cuanto os saquen un par de fotos dándole un beso o cogidos de la mano ya tendrán la exclusiva que buscan y os dejarán en paz —le aconseja Carlos Costa.

Wimbledon parece un buen sitio para «presentar en sociedad» a su amiga, y los periódicos sensacionalistas británicos lo aprovechan para fotografiarles juntos paseando por las instalaciones del All England o de compras por Londres.

Es la primera ocasión en que su *xiqueta*, como Toni la llama cariñosamente, se incorpora al grupo en un torneo y pasa unos días con Rafa. La idea es que permanezca en Inglaterra durante la semana previa y los primeros días del torneo; después, volverá a Manacor. Nadal está contento de poder compartir estos días con ella.

Xisca es la clase de chica que a él le gusta.

—Si algún día tengo novia, me gustaría que fuese alguien natural, que se dedicara a sus estudios o a su trabajo, y que no me viese como a un tenista famoso sino como a un chico normal, que es lo que soy —decía.

Esto siempre lo había tenido claro; y si no, su tío Toni se encargaba de recalcárselo cada vez que hablaban del tema.

—No te pienses que todas esas chicas que se te acercan lo hacen por tu cara bonita o porque eres simpático; lo que ellas quieren es estar con el número dos del mundo, con el tenista famoso, así que no te creas tan guapo porque yo lo soy más y ninguna va detrás de mí.

Los Nadal compartirán la casa de Wimbledon con Feliciano López y su actual novia, la modelo María José Suárez, y con Pepo Clavet, el entrenador del tenista toledano. Feli es el jugador de tenis español que mejores resultados ha obtenido estos últimos años en Wimbledon. En la hierba se transforma. Su juego se adapta muy bien a estas pistas, hasta el punto de que Ion Tiriac, el ex mánager de Boris Becker y actual organizador del Masters Series de Madrid, siempre asegura que, si él entrenara a Feliciano, lo haría campeón en tres años. De momento, el toledano ha llegado en dos ocasiones a octavos y el año pasado a cuartos de final.

Nadal ha elegido a un buen compañero para entrenarse en hierba. Aún faltan seis días para iniciar el torneo, pero quiere aprovechar el tiempo al máximo con sesiones de mañana y tarde.

—Estar en Wimbledon es perfecto —dice—. Aquí puedo entrenar más, ir a pie al club cada día y no estar pendiente del transporte a Londres. Además, si llueve no tengo que esperarme en la sala de jugadores, sino que puedo relajarme en casa tranquilamente.

La primera alegría le llega días antes, cuando la organización del torneo lo confirma como el segundo cabeza de serie después de Federer y por delante de Roddick, finalista de las dos últimas ediciones, o de Hewitt, campeón de 2002. La elección de Nadal, número dos del mundo, parecía la más lógica; pero en Wimbledon se utilizan otros baremos para determinar a los cabezas de serie del torneo. Aquí hay un comité de sabios que decide en función de anteriores actuaciones en el torneo o por los resultados en hierba, una situación que irrita a la mayoría de jugadores al sentirse discriminados por unos criterios que no rigen igual el resto del año. ¿Cuántos campeones de Roland Garros se han visto relegados en Wimbledon? Por este motivo, la decisión del comité técnico del torneo es el mejor reconocimiento que Nadal podía tener. Gracias a esto, ya sabe que no se cruzará con Federer hasta la final; un partido que los responsables del All England sueñan también con ver en su pista central este año, como ha sucedido anteriormente en Dubai, Montecarlo, Roma y París.

La suerte también le acompaña en el sorteo del cuadro. Sus primeros rivales son accesibles incluso sobre hierba y, teóricamente, su primera prueba de fuego no llegará hasta tercera ronda donde deberá cruzarse con Andre Agassi. Todo lo contrario de Federer, al que le espera un duro camino desde el primer día. «Es uno de los cuadros más difíciles que he tenido nunca», dice el suizo, quien, como campeón, abre el programa de la central el lunes 26 de junio ante el francés Richard Gasquet; un partido que queda aplazado hasta el martes debido a la lluvia que obliga a suspender la primera jornada en la que apenas se ha podido jugar durante 36 minutos.

Al día siguiente Wimbledon es un hervidero de gente. Si esta vez el tiempo no lo impide, está previsto que se jueguen 96 partidos para recuperar el retraso del día anterior y, de esta manera, los espectadores tendrán la oportunidad de ver a casi todos los protagonistas del torneo en acción, muchos de ellos en las pistas secundarias. Por este motivo, la cola para comprar las entradas del día es hoy mucho más larga que otras veces. Hay aficionados que llevan más de 36 horas en la ya tradicional *queue* (cola), esperando pacientemente a que se abran las puertas a las diez de la mañana para obtener una entrada. La policía calcula que hay casi dos kilómetros de colas. Nadal las ha visto estos días cuando iba a comprar la comida al supermercado.

—Es increíble, algo único que no se ve en ningún otro sitio —comenta, asombrado.

Y es cierto. Ver a toda aquella gente, por primera vez, sorprende a cualquiera: jóvenes o mayores, muchos en familia o en grupos de amigos, venidos de todas partes del mundo, y uno detrás de otro, pacientes, silenciosos, formando una rigurosa fila que serpentea por las calles de la zona, desde Church Road hasta la estación de metro de Shefields, por cuya boca salen en manada miles de aficionados desde primera hora de la mañana. Estas colas de gente son tan tradicionales como lo pueden ser las fresas con nata (en realidad, crema de leche), los *pimm's* (un cóctel de champán y zumos de frutas) o el *fish and chips* (patatas y pescado frito) que se venden en los kioscos de Wimbledon. Y los seguidores están cada día ahí con sus mochilas, sacos de dormir y tiendas de campaña, con termos de café o te, contándose viejas batallas de partidos inolvidables que han visto y vivido de forma especial.

Llueva o truene, haga frío o un calor insoportable, se pasan días enteros aguardando a entrar para presenciar a sus ídolos, ya sea en las pistas secundarias, en las zonas de entrenamiento, colgados de las vallas o tumbados sobre el césped ante la pantalla gigante colocada en Aorangi Park donde, tiempo atrás, antes de que se construyese la segunda central, los aficionados comían en esta pradera al son de varias bandas que tocaban música en vivo.

Ahora ese espacio se ha reducido y sólo queda un montículo al que han bautizado estos últimos años como *Henman*

Hill, en honor al ídolo local que los seguidores ingleses confiaban en que algún día ganaría el torneo. Desde allí se pueden seguir los partidos que se juegan en la pista central y en la pista número 1, o los reportajes y entrevistas que la BBC ofrece diariamente en directo con una cobertura de diez horas.

La apertura de la verja de Wimbledon se hace con puntualidad británica. Uno a uno, los aficionados pasan los controles policiales de voluntarios del ejército que custodian las instalaciones y el acceso a las pistas desde el término de la Segunda Guerra Mundial. Superado el registro, los primeros aficionados salen en una especie de estampida parecida a los *sanfermines*, pero sin toros que les persigan, en busca del mejor puesto en una de las diecinueve pistas donde, a partir de las once, comenzarán los partidos. En unos minutos, la paz del recinto queda apagada por un bullicio de 35.000 personas que llenan y dan vida a un escenario único en el mundo; unas instalaciones que han sufrido una gran transformación desde que se inauguraron en 1922, pero que mantienen sus tradiciones y el amor por el tenis como parte esencial de su espíritu.

Este año se calcula que Wimbledon superará el medio millón de visitantes en los quince días del campeonato. El torneo ha ido cambiando su fisonomía poco a poco, adecuándose a los nuevos tiempos y a la tecnología más moderna. Los jugadores disponen ahora de modernos vestuarios, de zonas más amplias de descanso en el edificio que se construyó en la antigua pista número 1, donde está el nuevo restaurante, y de salas de prensa en las que trabajan más de un millar de periodistas. Las cosas han cambiado y los jugadores se sienten mejor tratados, aunque la comida típica inglesa sigue siendo igual de abominable para la mayoría.

Las instalaciones todavía serán más modificadas durante los próximos años. Los socios de Wimbledon, únicos propietarios del torneo, ya han dado luz verde para empezar las obras para cubrir la pista central con un techo corredizo que permita jugar los partidos aunque llueva. Está prevista inaugurarla en el 2009, justo tres años antes de que el escenario albergue el torneo de los Juegos Olímpicos de Londres en 2012.

Nadal se siente a gusto en Wimbledon.

—Cuando entras en el All England, respiras historia —comenta.

Ya le gustó el primer día que lo vio, cuando estuvo en el torneo júnior en 2002 y donde alcanzó las semifinales. Ese mismo año abandonó el campeonato de España absoluto en el que estaba clasificado para jugar los cuartos de final. Se alojó en un colegio y tuvo que sufrir todas las incomodidades de las que hablaban sus compañeros, pero ni la horrorosa comida que servían le desmotivó. Se atiborró de patatas fritas y se enamoró de aquel paisaje tan especial y único. Le encantaba pisar el tupido césped de las pistas, contemplar el verde intenso de su hierba y sentir ese olor tan característico que desprende la tierra húmeda tras el rocío de la mañana. Desde entonces, se ha sentido atraído por un torneo que la mayoría de tenistas españoles nunca han apreciado demasiado.

Las incomodidades de un torneo tan distinto al resto de los que se disputan durante el año en el circuito, y la cercanía con Roland Garros, han sido durante años las excusas de la mayoría de tenistas españoles para no prepararlo a conciencia o justificar su renuncia. «La hierba es para las vacas», decía el ex tenista Joan Gisbert en otra época ya remota. Muchos jugadores aprovechan la celebración del torneo para tomarse unas vacaciones durante esas fechas; y la misma federación española de tenis tampoco ha mostrado mucho respeto al torneo, ya que durante tiempo ha aprovechado estas renuncias para organizar en la segunda semana de Wimbledon el campeonato absoluto de España.

Nadal quiere romper esta práctica. Si hay un torneo que quiere ganar, éste es Wimbledon. No se ha puesto un plazo para conseguirlo, pero siente que puede lograrlo si trabaja y se esfuerza.

—En dos o tres años puedo tener opciones —aseguraba a su llegada a Londres, sin pensar que en esta edición iba a estar a punto de dar la campanada.

El británico de origen serbio, Alex Bogdanovic, número 134 del mundo, e invitado por la organización, le espera para su estreno en la pista número 1, la segunda en importancia de Wimbledon. Nadal lo supera con relativa facilidad pero sin sentirse cómodo.

—Aún tengo el virus de la tierra —declara a la prensa.

En los pasillos del club se ha cruzado con Federer y le ha felicitado por su triunfo ante Gasquet. El suizo ha tenido un debut tan impecable como la chaqueta que ha estrenado este año en Wimbledon: un *blazer* blanco, de corte similar a los que utilizaban los campeones de los años veinte y treinta, con un escudo de armas en el que se pueden ver tres raquetas cruzadas —una por cada uno de sus títulos—, el logo de la hierba, el signo con la estrella y el león, la cruz suiza y el apellido Federer. Esta primera victoria del suizo es la 42 consecutiva que logra sobre hierba; un éxito con el que supera el récord que tenía el sueco Bjorn Borg, quien logró 41 seguidas en el torneo y sumó cinco títulos entre 1978 y 1980 antes de que el estadounidense John McEnroe le rompiera la extraordinaria racha en la final de 1981.

Aquel fue un partido legendario y mítico para los aficionados al tenis y puede comprarse en vídeo o DVD en el museo de Wimbledon; desde hace tiempo, es el más vendido de la historia. Fue un duelo de dos tenistas geniales, con estilos totalmente contrapuestos, como lo son Nadal y Federer en la actualidad. «Yo no había nacido cuando Borg ganaba aquí, sólo lo he visto jugar en algún reportaje por televisión. Mi tío me ha contado cosas increíbles de él. Dicen que venía directo de Roland Garros a Wimbledon, sin jugar antes en hierba. Debía de ser un monstruo para ganar cinco títulos seguidos aquí. Yo, con uno sólo, ya me conformaría», bromea Nadal cuando le pretenden comparar al tenista sueco.

Nadal no tiene demasiado tiempo para corregir los errores ni descansar. Al día siguiente debe volver a jugar. Esta vez lo hará en la central ante un auténtico desconocido: el estadounidense Robert Kendrick, un jugador de veintiséis años, número 237 del mundo y que viene de jugar la previa. En principio, no parece que pueda complicarle las cosas. Pero en la pista, su rival sale dispuesto a jugar el partido de su vida. No tiene nada que perder y juega al límite, sin miedo. Durante tres horas aguanta su servicio, sacando cada vez a más de 200 km/h y logrando 28 *aces* y 42 puntos directos; todo un botín que le permite arrinconar a Nadal contra las cuerdas y quedarse a dos puntos de eliminarle cuando domina en el cuarto set por 7-6 (7-4), 6-3, 6-7 (2-7), 5-4 y 30-30. Pero Nadal no tiene previsto marcharse a casa tan rápido.

—Voy a ganar este partido —le dice convencido a su tío Toni al encaminarse al fondo de la pista, cerca del palco de jugadores.

Instantes después, ya en la línea de saque, Nadal se sube los calcetines, bota la bola varias veces, y, antes de lanzarla al aire para golpearla con rabia, fija una mirada intimidadora sobre su rival. «Si Kendrick quiere ganarme, deberá demostrarlo de verdad», se anima. Y acto seguido, saca.

Tras unos segundos, el juez de silla canta:

—30-40, *advantage mister* Nadal.

Kendrick se revuelve intranquilo. No está acostumbrado a esta presión y no puede evitar que Nadal acabe ganando el juego e igualando el marcador 5-5.

Nadal lo celebra con un gran salto. Por primera vez en el torneo, se deja ir. Lo ha pasado muy mal y ha estado al borde de la derrota.

En el palco, Toni respira hondo. Sabe que lo peor ha quedado atrás. Kendrich ya no levanta cabeza y se entrega en el quinto set.

Pasado el susto, Nadal lanza al público sus muñequeras y corre al centro de la pista para saludar. Ya está en tercera ronda, un paso más que el año pasado. Hoy ha superado una dura prueba y se siente orgulloso por su actitud para remontar dos sets.

—No me hacía gracia perder en segunda ronda —dice—. Ganar aquí, de esta forma, tiene mucho más valor que en otros sitios. Kendrick ha sacado y voleado de forma increíble. Jugando así, es imposible que tenga el ranking que tiene.

A pesar de esto, su alegría no es total. Nadal está molesto con los árbitros y no duda en decirlo en la sala de prensa. Durante el partido, el juez de silla le ha amonestado por perder tiempo deliberadamente cuando le tocaba sacar. No es la primera vez que le ocurre. En el torneo de Queen's, le advirtieron por esa misma actitud antes de jugar la semifinal contra Hewitt.

Desde que Federer se encaró con su tío en Miami, molesto porque le daba consejos desde la grada, Nadal siente una persecución que en las últimas semanas ha ido en aumento. En Roland Garros explotó tras el partido contra el croata Ivan Ljubicic. El juez de silla le recriminó su pérdida de tiempo varias veces, le amonestó con un aviso y, en cambio, permitió que el técnico de su rival, el italiano Ricardo Piatti, se pasara todo el rato gesticulando y animando desde el palco.

—Oía los gritos desde el otro lado de la pista —recuerda.

Por este motivo, hoy ha explotado.

—Sólo pido un poco más de profesionalidad, por favor. ¿A dónde vamos a parar? Soy consciente de mis errores, pero no creo que mi actitud en la pista haya cambiado tanto de un año a otro —se queja.

El sábado le espera un duelo que acapara la atención de todos y no quiere que nada lo distraiga. Según cuentan las crónicas de la prensa, será la gran batalla generacional; un apasionante duelo entre la nueva figura del tenis y un extraordinario campeón que ha anunciado su retirada del circuito el próximo septiembre, durante el Open de Estados Unidos. Nadal contra Agassi. Será la segunda vez que se enfrente al estadounidense y, seguramente, la última. El año pasado Nadal le derrotó en la final de Montreal y esta vez no parece que vaya a ser distinto a pesar de jugar sobre hierba. Las diferencias son evidentes. Nadal es el número dos del mundo y Agassi el veinte. Rafael acaba de cumplir veinte años y su rival ya tiene treinta y seis. Además, esta temporada Agassi apenas ha jugado diez partidos por culpa de sus problemas en la espalda.

Nadal aprovecha el día de descanso para relajarse, jugar un poco con la *play station* que tenía un poco abandonada, y salir al supermercado a comprar provisiones para la casa donde ya sólo permanecen su tío, Juanan y Pepo Clavet, después de que Feliciano López se marchara tras ser eliminado en primera ronda por Ljubicic.

Durante el entrenamiento, practica el saque y el resto con mucha intensidad. Sabe que va a necesitar la máxima precisión ante Agassi para impedir que tome la iniciativa con su resto. No quiere que se le escape ningún detalle y, por la noche, después de prepararse unos espaguetis de marisco que tanto le gustan, se sienta frente al televisor para repasar la final de Montreal. Habitualmente viaja con DVD's de partidos que ha jugado y que le gusta volver a visionar con tranquilidad para ver sus errores o analizar el juego de sus rivales.

—Pero, ¿qué haces todavía despierto? —le pregunta Pepo Clavet al llegar a casa después de cenar fuera.

Nadal se encoge de hombros y señala que, antes de ir a dormir, quería estudiar un poco más a su rival. Pepo, sacudiendo incrédulo la cabeza, abandona la sala para jugar su habitual partida de ajedrez con Toni.

—Luego, la gente se pregunta cuál es el secreto de su éxito —le comenta—. Si otros fueran la mitad de profesionales que él, otro gallo les cantaría.

Pasada la medianoche, Nadal se acuesta con la tranquilidad de haber hecho los deberes y de tenerlo todo a punto para la batalla. No tarda en dormirse.

A la mañana siguiente, un sol brillante le despierta a través de las ventanas de su habitación. Buena señal. La pista estará en las mejores condiciones para él, con la hierba seca que hace que la bola bote un poco más y corra más lenta. Además, estos últimos días ha hecho mucho calor en Wimbledon y las pistas empiezan a estar sin césped en los fondos, lo que favorece a jugadores de tierra como él.

Su partido contra Agassi abre el programa de la central de Wimbledon. Invitados por la organización, se sientan en la tribuna principal renombrados deportistas como el británico Roger Bannister, el primer atleta que corrió la milla en menos de cuatro minutos en 1954; Jonathan Edwards, el campeón olímpico de triple salto en Sydney 2000; Kelly Holmes, la doble medallista de 800 y 1.500 en Atenas 2004; sir Steve Reedgrave, cinco veces campeón olímpico de remo; el golfista Ernie Els y el legendario tenista estadounidense Stan Smith. Junto a ellos también se encuentra Manuel Santana, el único español que ganó el torneo masculino de Wimbledon en 1966, precisamente un 1 de julio como hoy, ante el estadounidense Dennis Ralston.

No son los únicos invitados destacados. El All England homenajea en el palco real a cinco grandes campeonas del torneo femenino: María Bueno, Billie Jean King, Margaret Court, Martina Navratilova y Steffi Graf, actual esposa de Agassi, quien posiblemente hoy habría preferido animar a su marido desde las gradas, mezclada entre los aficionados, como ha hecho los días anteriores, y no vestida con traje de etiqueta y sentada junto a *ladies* y *gentlemans* que miden los aplausos y controlan cada gesto, *of course*.

El acto se alarga más de la cuenta y Nadal y Agassi deben templar sus nervios en el lujoso y elitista vestuario de la central, una zona reservada a los socios y donde sólo se cambian los cabezas de serie del torneo; el resto, deben utilizar salas menos históricas. Nadal y Agassi tampoco se fijan demasiado en este escenario legendario, sus pensamientos están pendientes de otras cosas y son muy distintos.

«Esta es mi primera ocasión para pasar a octavos y no quiero desaprovecharla», piensa Nadal, al que le preocupa más el ambiente que encontrará cuando salga ahí afuera que el mismo Agassi.

—No te confíes, atácale desde el principio —le ha aconsejado su tío—. Es un gran campeón; y si ve que tiene opciones de ganarte, lo intentará.

Agassi, por su lado, es consciente de que hoy tiene todos los números para despedirse de un torneo muy especial. «Un lugar donde he aprendido a respetar este deporte», ha admitido. Un escenario que le rehusó en los primeros años hasta que no cambió su indumentaria de colores estridentes y prohibidos por la tradición del torneo que obliga a vestir de blanco a los jugadores. «En Wimbledon he sentido realmente la oportunidad y el privilegio que representa jugar a tenis. Es un escenario único en el mundo que sabe apreciar este juego y a sus competidores», ha confesado el ex número uno mundial y campeón en 1992.

La aparición de ambos en la pista es recibida con una ovación impresionante. Durante el tiempo que Agassi y Nadal recorren el camino hasta sus sillas, y mientras se preparan antes del calentamiento, los aplausos no dejan de resonar entre los muros de la centenaria pista. Agassi sonríe, saluda y traga saliva mientras concentra su atención en atarse las zapatillas. Cerca de él, Nadal retoca el cordaje de su raqueta y coloca alineados dos botellines de agua. Luego, tras el sorteo de campo, sale disparado hacia el fondo de la pista con un *sprint* que ya es típico en él y da pequeños saltos como un boxeador, zigzagueando de un lado para otro, como si estuviera a bordo de un F-1 y calentando los neumáticos antes de empezar la carrera.

Agassi le ha cedido el servicio. Igual que Nadal, el estadounidense prefiere empezar restando para intentar romper el servicio de su rival lo antes posible. Desde el primer golpe, los dos mantienen un nivel altísimo de juego. Agassi ha salido dispuesto a echarle un pulso a Nadal. La igualdad se mantiene durante el primer set hasta la muerte súbita; aunque para lograrlo, Agassi ha tenido que dar lo mejor de sí mismo para salvar su saque en dos ocasiones y tres *set balls* con 5-4 en contra. En el *tie break*, el estadounidense echa el resto para ganar el primer set; pero se estrella contra un muro. Agassi acabará perdiendo el partido por 7-6 (7-5), 6-2 y 6-4.

—Nadal es increíble, aguanta lo que le eches y devuelve todavía más. Es como un *punching ball* al que golpeas y golpeas pero al final te acaba dando en la cara —elogia Agassi tras el partido. Y añade—: Me quito el sombrero ante él. Creo que es el tenista que mejor se mueve en la pista. Hace que los demás se vean obligados a hacer algo especial. Para ganarle tienes que jugar muy bien o ser Federer, sobre hierba, claro. Lo he visto en las pistas desde que era bastante joven y admiro su crecimiento como tenista. Ahora, en hierba, está haciendo que los demás sientan que tampoco pueden vencerle. Posee un auténtico sentido de la profesionalidad en relación con su entorno; pero en la pista sólo intenta ganar el punto siguiente, cada vez. Esta es la gran diferencia. Su presencia impone y creo que ya sabe que, si el corazón y la mentalidad de campeón encuentran su espacio, también será capaz de ganar en Wimbledon.

No son las palabras de cualquiera. Se trata de la opinión de un tenista que jugó su primer Wimbledon en 1987 —un año después de que naciera Nadal— y que se retirará esta temporada tras veinte años al máximo nivel, después de ganar ocho Grand Slams y sesenta títulos. Alguien que se ha enfrentado y ganado a campeones de tres generaciones diferentes, desde Jimmy Connors a Roger Federer, pasando por Ivan Lendl, Boris Becker, Pete Sampras o Stefan Edberg. Un tipo capaz de competir contra jugadores que, como dice él, «eran mucho más grandes, más altos, posiblemente más rápidos e incluso, en algunos casos, mejores que yo».

Pero los elogios no son sólo de Agassi. Al día siguiente la prensa internacional valora a Nadal como no lo había hecho antes y, aunque sólo está en octavos, ya empiezan a preguntarse si también podrá ganar a Federer en la final de Wimbledon. El duelo entre los dos mejores tenistas del momento también parece posible sobre hierba.

«Federer es el mejor, no veo a nadie capaz de ganarle. En Wimbledon es invencible», había escrito Nick Bolletieri, técnico que descubrió y formó a Agassi, en uno de sus artículos que diariamente escribe en *The Independent*. Una semana después, su opinión ha variado ligeramente. «Técnicamente, Roger es muy superior; pero Nadal tiene un deseo tenaz de morir en la pista antes que perder, algo único para ganar y que no se puede enseñar», escribe.

«Este chico es capaz de todo. Tiene coraje y un instinto asesino único para salvar situaciones extremas», destaca Connors en la BBC, y quien, por cierto, se ve reflejado en la forma de jugar de Nadal. El ex campeón ha quedado prendado de la lección de tenis que el mallorquín ha dado ante Agassi y está convencido de que logrará llegar a la final de Wimbledon y... «¿Por qué no?, poner en apuros a Federer», aventura.

Nadal evita pensar en ello. Le quedan tres partidos para una hipotética final y esto, en tenis, es un mundo.

—No vamos a lanzar las campanas al vuelo, sólo estoy en octavos —repite—. Lo bueno es que siento que estoy entendiendo esta superficie; me muevo mejor, tengo más seguridad con mi saque y eso me da mucha confianza.

Una confianza que el lunes le permite empezar la semana con el pase a cuartos de final al vencer al georgiano Iraklis Labadze, finalista júnior de Wimbledon ante el mismo Federer, pero que actualmente está muy por debajo del ranking de Nadal y muy por encima de peso. De poco le servirá a Labadze su táctica suicida de pegarle a todo para no dar ritmo de juego o intentar sacar de sus casillas a Nadal con todo tipo de artimañas poco deportivas.

—Labadze ha hecho muchas tonterías, pero he evitado entrar en esa guerra y he cumplido mi objetivo —cuenta Nadal a la prensa, muy serio y con cara de pocos amigos.

A Nadal no le ha gustado el comportamiento de su rival, pero no sólo está molesto por eso. Hoy se ha presentado en la sala de prensa acompañado por tres miembros del servicio de comunicación de la ATP. Está furioso por una información que ha salido en el periódico francés *Le Journal de Dimanche* donde se le relaciona con la «operación Puerto», una trama de dopaje montada por Eufemiano Fuentes y descubierta por la Guardia Civil. Está indignado y harto de acusaciones sin ningún fundamento.

—Disculpadme, pero lo que voy decir ahora quiero decirlo claro y en español, para evitar problemas —suelta a la veintena de periodistas que ya estaban a punto de abandonar la sala.

No quiere que nadie pueda malinterpretar sus palabras. Y por su tono de voz, no se mueve ni un alma en la sala de prensa.

—En mi vida he tomado nada y nunca lo haré. Quiero que quede muy claro. Me han educado deportivamente para no hacer trampas y sólo puedo decir que la gente que escribe mentiras es mala gente. He hablado con mi mánager Carlos Costa y vamos a tomar las medidas oportunas. No quiero hablar más de este tema, a partir de ahora será el juez quien hable —declara, indignado ante la información.

No es la primera vez que se le quiere relacionar con el dopaje. Nadal ya ha tenido que escuchar insinuaciones de este tipo en otras ocasiones, incluso de los propios jugadores. En el vestuario muchos se preguntan cómo ha conseguido la fortaleza física que le permite aguantar horas en la pista y superar a sus rivales por agotamiento.

—Es su naturaleza, una cuestión genética —explica Toni, sentado en la terraza de la zona de jugadores, molesto también por las acusaciones—. Cuando era pequeño era bastante enclenque; tanto era así, que yo mismo le hacía jugar todos los golpes a dos manos porque no tenía suficiente fuerza. A partir de los once años fue cuando hizo el cambio, pero nunca hemos hecho nada especial para aumentar su musculatura. Rafa no tomaría nada, ni aunque le aseguraran que ganaría Wimbledon.

No volverán a hablar del tema.

—Olvídate de todo esto. Ahora lo único importante es pensar en el torneo y en los próximos partidos, nada más —le dice su tío en casa.

Nadal le hace caso, como siempre ha hecho.

—Nadie va a amargarme la vida por un cuento chino como éste —le comenta a su padre, Sebastià, quien ha llegado de Manacor. Él, mejor que nadie, sabe el sacrificio, el trabajo y el sufrimiento que ha pasado su hijo.

Un aficionado escribe en el foro que *Tennis Magazine* ha abierto para comentar la insinuación de dopaje: «¿Que Nadal se dopa? A quien diga eso sólo le pido que le siga un día normal de entrenamiento. En Wimbledon lo he visto entrenar más horas que nadie, hasta el atardecer, mientras los otros tenistas ya estaban en el hotel. Es de los pocos campeones que carga siempre con todas sus bolsas y no deja que se las lleven otros. Lo he visto subir corriendo con ellas la cuesta que lleva a su casa después de un partido. Lo que diferencia a Nadal del resto es su ilusión y sacrificio. Nadie hace lo que Rafa».

Peter Bodo, el editor jefe de la popular revista americana, muestra el comentario a los compañeros de mesa españoles que tiene a su lado en la sala de prensa de Wimbledon. El polémico tema ha disparado las entradas en la web de su revista. En pocas horas, ya hay cientos de comentarios; y la mayoría, defienden a Nadal y le muestran su apoyo.

Un apoyo que ha sentido en sus partidos y que ahora le da fuerzas para realizar el último asalto a la fortaleza de Wimbledon. Nadal ha puesto la directa hacia la final contra Federer y nadie le va a parar.

El finlandés Jarko Nieminen y el chipriota Marcos Bagdhatis, sus dos últimos rivales antes de volver a enfrentarse al número uno del mundo, no pueden ganarle ni un set. Y no sólo eso, ninguno de ellos es capaz de romperle una sola vez su servicio; una muestra más de la solidez y la confianza con la que Rafael se planta en la gran final.

Será la segunda que disputa un tenista español en la historia del torneo desde que Manuel Santana ganó en 1966, de eso hace ya cuarenta años. En el torneo femenino Conchita Martínez ganó en 1994 ante Martina Navratilova.

—*Rafita*, has estado genial —le dice Santana en el vestuario, poco después de ganar a Bagdhatis—. Me has emocionado y me hace muy feliz que juegues la final. Si hay alguien que me gustaría que me sucediera en el palmarés, ése eres tú. Me encanta como juegas, la energía que posees y la personalidad que tienes dentro y fuera de la pista. Puedes conseguirlo.

Nadal agradece estos ánimos, los necesitará ante Federer. El reto que le queda es el más difícil y, aunque quiere ganarle, en su interior ve casi imposible ganar al suizo.

—Él es el único rey de Wimbledon —dice ante las cámaras de la BBC.

Los preparativos de la final no son muy diferentes a los del resto de días. En la casa hay más bullicio porque han llegado de Manacor sus tíos Miquel Àngel y Rafael, su madrina Marilén y su hermana Maribel, quien le ha traído el esmoquin negro que lució en la entrega de los premios Laureus el pasado mes de mayo en Barcelona por si el domingo por la noche debe ir a la cena de los campeones de Wimbledon. Sólo falta su madre

Anna Maria, quien inicialmente había descartado venir, pero que viajará a Londres el mismo domingo de la final.

Rafael se entrena por la mañana, pero sin la intensidad de los primeros días; apenas media hora para tocar un poco la bola. A estas alturas del torneo lo más importante es mantener las buenas sensaciones.

—Lo que funciona, mejor no arreglarlo —le dice siempre Toni.

Por la tarde, atiende a los medios de comunicación en su casa. Primero, a los enviados especiales de la prensa española en Wimbledon; y después, a un grupo de periodistas americanos.

—Hay que preparar la campaña de Estados Unidos —le aconseja Pérez Barbadillo, responsable de comunicación de la ATP.

A Nadal se le hace pesado, especialmente con la prensa americana, porque está cansado de esforzarse en hablar en inglés, una de las asignaturas que tiene pendiente. Aunque ha mejorado bastante en poco tiempo, no se siente cómodo; le cuesta expresarse. Se inventa palabras o expresiones de las que todos se ríen, pero a los periodistas les gustan por su espontaneidad.

Luego, por la noche, después de cenar, se queda con Toni para comentar el partido contra Federer.

—Tranquilo, si juegas como lo has hecho en las semifinales, le ganarás —le asegura Toni.

—Debo ser agresivo, sacar bien y tratar de igualar el partido; si lo consigo, no habrá hierba ni tierra que valga —comentó Nadal a la prensa el día anterior—. La presión será para Federer y yo tendré mi oportunidad.

Toni le insiste en la necesidad de igualar el partido.

—Es fundamental si quieres tener alguna opción —le insiste—; pero no sólo te lo has de decir, sino que te lo debes creer de verdad.

Sin embargo, su tío es el primero que no se cree lo que le está diciendo; ni él ni Carlos Costa, quien también le anima.

—Le decíamos que iba a ganarle —recuerda Toni—, pero en mi interior no me lo creía. Había visto a Federer contra Ancic y sabía que no podíamos pararle jugando así. Nos superaba en todo, con el saque, de derecha, de volea...

Horas más tarde, el comienzo de la final confirma esta sensación. Federer se apunta el primer set en veinticinco minutos y sin perder ni un juego. El tenista suizo quiere marcar las diferencias de salida y no le da ni una opción. Nadal corre sin sentido por la pista, se siente impotente, incapaz de responder.

—¡Vamos Rafa, no te desanimes! —grita una aficionada desde lo alto de las gradas mientras él, aturdido, toma asiento en la silla y se tapa la cabeza con la toalla.

—Estoy en la final y no quiero hacer el ridículo —se dice en voz alta a sí mismo para reaccionar—. Debo ganarle un juego como sea, ¡despierta!

En su palco, todos le animan.

«Olvídate de este set, ¡sigue y lucha!», parece decirle Toni con su mirada, aplaudiéndole al volver a la pista.

La humillación a la que lo somete Federer acaba con una derecha que se le va fuera con toda la pista libre. Habría sido el séptimo juego seguido que ganaba, pero Nadal se revuelve y logra romperle el servicio al rival.

—¡Vamos! —grita, saltando, y ovacionado por un público que quiere ver una final más reñida.

A partir de este instante, el panorama cambia. Federer deja de ser la máquina implacable y se vuelve humano. Nadal logra igualar el partido como quería y mantiene la ventaja en el marcador hasta el 5-4 y saque en sus manos. Es la ocasión que tanto buscaba, el momento en el que un día recordará que pudo hacer historia, que tuvo el título de Wimbledon en sus manos. Pero no lo aprovecha. Peor todavía, Nadal comete dos dobles faltas y entrega su servicio.

—No se lo ha creído —comenta Toni a Costa en el palco—. Si se lo hubiese creído de verdad, no habría hecho esos fallos.

Luego, tras la final, también el propio Nadal le confesaría a su tío que le faltó confianza en aquel instante.

—Nunca creí que podía ganar ese set —admite, con tristeza.

Ya no habrá más oportunidades tan claras. Federer gana el *tie break* y toma una ventaja definitiva de dos sets a cero. La diferencia es demasiado grande para que Nadal le dé la vuelta al partido, a pesar de que el manacorí le arrebata el tercer set, el único que el suizo perderá en todo el torneo. En el cuarto, Federer certifica su cuarta victoria consecutiva en Wimbledon al ganarle por 6-0, 7-6 (7-5), 6-7 (2-7) y 6-3.

El abrazo de Nadal en la red con Federer es de reconocimiento.

—Hoy he perdido contra el mejor tenista en esta superficie. Pero siento que he jugado el mejor torneo del año, mucho mejor que Roland Garros. La derrota de hoy es una buena lección para mejorar en el futuro —dice, tras recibir el plato de finalista de manos del Duque de Kent.

Nunca le ha gustado perder, pero Nadal se va satisfecho de Wimbledon. Ha luchado por su sueño hasta el final y se ha ganado el respeto de todo el mundo. «Hemos visto la mejor final de los últimos cinco años. Federer y Nadal representan una verdadera y fantástica relación de rivalidad como en otros tiempos tuvieron Borg, Connors o McEnroe», dice *The Sun*. «Federer y Nadal son la personificación de la decencia y el juego limpio», valora *The Times*. «Federer ya no está solo y no podrá volver a estar en paz. Adonde vaya, le esperará Nadal», pronostica *Le Temps* de Suiza.

Nadal agradece estos comentarios aunque en su cabeza la única frase que no olvidará jamás es la que ha leído escrita en la pared de la central de Wimbledon, justo a la salida de la puerta del vestuario. La frase es del escritor británico Rudyard Kipling, premio Nobel de literatura:

«Si te encuentras con la victoria o la derrota, trátalas a ambas como el mismo impostor».

CAPÍTULO 5

LA COPA DAVIS, UNA PASIÓN

Nadal juega sin miedo y con un desparpajo increíble.
Para mí, es el mejor jugador de equipos que he visto nunca.

JORDI ARRESE, ex capitán del equipo español
de campeón de Copa Davis 2004

Jugar por equipos le apasiona, lo motiva de forma especial. Le gusta sentir que forma parte de un grupo que lucha por un objetivo común, el compañerismo que se vive cuando se defienden los mismos intereses, y compartir los aciertos y los errores, algo que pocas veces se encuentra en el tenis al ser un deporte demasiado individualista y donde todo depende de uno. Muchas veces ha echado de menos este espíritu de camaradería. Precisamente, fue esta falta de espíritu de equipo la que a punto estuvo de hacerle escoger el fútbol cuando, siendo un niño, tuvo que decidirse para tomar un camino.

Quizá por esta razón, la Copa Davis es algo tan especial para él. En esta competición Nadal es feliz, se transforma y recupera las emociones que tenía cuando jugaba con el equipo infantil del Olimpia de Manacor. Aún recuerda la ilusión con la que se preparaba el día antes de los partidos. Él, que siempre ha sido un desordenado, que se ha llevado todas las broncas posibles de su madre por tener la habitación hecha un desastre, se transformaba en el chico más metódico del mundo para tenerlo todo a punto. Antes de los partidos, limpiaba las botas, las lustraba con betún, y las dejaba como una patena; colocaba las espinilleras y los calcetines con meticuloso orden en la bolsa, junto al chándal, el pantalón y la camiseta con el número 11 de extremo izquierdo que era la posición en la que jugaba habitualmente.

—¡Ay, Rafael! Si lo cuidaras todo como haces con las cosas del fútbol serías el hijo perfecto, el chico 10 —le decía su madre, viendo el mimo con el que trataba su equipaje de futbolista y las broncas que tenía con él porque su habitación estaba hecha un desastre—. En eso no he conseguido corregirle. Nunca tiene las cosas en orden —cuenta Ana Maria—. La semana pasada vino con siete bolsas y me dijo que todo estaba limpio. Lo miré y sí, llevaba ropa limpia... pero juntada con la sucia. Ahora intento no reñirle, ya es mayor pero al tercer día que está en casa le tengo que decir: «Arregla tu habitación que no estás en ningún hotel».

La meticulosidad que ahora muestra sobre una pista de tenis no empezó a ponerla en práctica hasta que sintió que eso le ayudaba a prepararse para el partido y le tranquilizaba cuando entraba en la pista. La rutina de preparación llega a ser casi maniática.

Lo primero, una rápida ducha con agua fría.

—Me hace sentir un temblor por todo el cuerpo, de arriba abajo, y me despierta la adrenalina —dice—. Es como si me activase.

Después, el ritual de equiparse en el vestuario en silencio, ajustando toda la ropa al cuerpo. Los calcetines altos y bien estirados, la camiseta ajustada por dentro de los pantalones y, por último, la badana del cabello en el sitio justo de la frente, ni un centímetro más arriba ni más abajo, y atada fuerte con un doble nudo.

A continuación, una sesión de estiramientos, carreras y saltos para calentar los músculos.

Todo a punto para entrar en la pista, seguro, concentrado, con paso firme y rápido, la frente alta, las bolsas colgadas sobre sus hombros y la raqueta que va a utilizar cogida con su mano izquierda, dando pequeños saltos como los boxeadores camino del cuadrilátero. Y finalmente, antes de empezar el peloteo y hacer el sorteo del campo, nunca se olvida de sacar dos botellines de agua de la nevera para colocarlos perfectamente alineados a un lado de su silla, con la marca mirando la línea blanca de la pista, mientras al otro lado deja las bolsas del equipaje y de las raquetas.

En los días en que jugaba a fútbol le costaba conciliar el sueño, y eso que siempre solía dormir como un lirón. Pero antes de un partido, especialmente cuando era importante, ya estaba despierto a las seis de la mañana. Sentía un cosquilleo muy especial en el estómago, algo que sólo le pasa en la actualidad cuando juega la Copa Davis. Bueno, mentira, también le ocurrió la noche antes de la primera final de Roland Garros y el día antes de ganar su primer torneo profesional en Sopot (Polonia).

Sus compañeros dicen que son los nervios por la tensión que provoca esta competición tan distinta al resto, una competición que se juega por el país y no por uno mismo como en el resto de torneos. En estos partidos hay que tener unos nervios de acero, ser de una pasta especial. No todo el mundo sirve para jugar la Copa Davis. Ha habido un gran número de jugadores que nunca han superado la presión a la que se ven sometidos; mientras que otros, peor clasificados, se transforman en auténticos depredadores y dan en la pista un rendimiento del 250 % y son capaces de ganar a cualquiera. Nadal es de estos últimos.

—Tiene mentalidad de equipo, juega sin miedo y con un desparpajo increíble. Para mí, es el mejor jugador de equipos que he visto nunca —destaca Jordi Arrese, ex capitán del equipo español de Copa Davis y campeón de 2004.

Ahora, después de un año ausente de la selección por culpa de la lesión que le impidió jugar la primera eliminatoria en Bielorrusia el pasado mes de febrero de 2006, Nadal vuelve a la Copa Davis. Emilio Sánchez Vicario, el nuevo capitán, le ha convocado para disputar el encuentro por la permanencia que España debe jugar ante Italia en Santander.

La última vez que jugó la Copa Davis, curiosamente, también se enfrentó a los italianos en la eliminatoria para mantener la categoría en el Grupo Mundial donde están los dieciséis mejores equipos del mundo. Fue en septiembre de 2005 y se disputó en Torre del Greco, una localidad próxima a Nápoles, y en la pista central del Circolo Oplovi. Aquel escenario, presidido por el monte Vesubio, parecía que ni pintado para los momentos volcánicos que se vivían en el seno del equipo español después de la elección de Pedro Muñoz como presidente de la Federación Española de Tenis, quien ya barruntaba la decisión de acabar con el G2, la capitanía del equipo que compartían Arrese y Juan Bautista Avendaño. Estos dos técnicos, junto a Josep Perlas, fueron quienes confiaron en Nadal y le incorporaron al equipo en 2004 para hacerle debutar ante la República Checa con diecisiete años, convirtiéndose así en el jugador más joven que debutaba con España en la Copa Davis en toda su historia.

¡Qué año aquel, fue increíble! Cuando Nadal lo recuerda, le resulta difícil de creer que todo aquello pasó de verdad. Primero, su debut en Brno en una pista de moqueta, rapidísima; una superficie en la que aún no había ganado ningún partido en los pocos torneos *indoor* que había disputado. Ni él, siempre tan lanzado y seguro de sus fuerzas, podía creer que los capitanes lo elegirían para jugar el primer día ante Jiri Novak, el número uno checo y un auténtico especialista en ese tipo de pistas.

Rafael bebé. A los dos meses de edad ya mostraba esos grandes ojos, abiertos y siempre atentos, que ahora muestra en la pista cuando juega.

El mar y la pesca son dos de las grandes pasiones del tenista manacorí. En esta fotografía, le vemos pilotando una barca a los cinco años de edad.

Rafael y su hermana Maribel posan en la terraza de la casa de la familia en Porto Cristo antes de ir a jugar un partido de tenis. El tenista tenía entonces nueve años y ella cuatro.

Nadal junto a sus abuelos Rafael (derecha) y Pedro en la terraza del Empire State de Nueva York en una excursión que hizo con toda su familia en 2001.

Rafael Nadal y Carlos Costa (derecha) en un dia de pesca en Manacor, junto al patrón de la barca, Manolo y su hijo Sergio.

Andoni Zubizarreta (de espaldas) habla con Toni, Miquel Àngel, Sebastià y Rafael Nadal, en una reciente visita a Manacor del exportero del Barça.

Rafael junto a su hermana Maribel y sus padres Ana Maria
y Sebastià en una excursión a Central Park.

Toda la familia junta en una foto de estudio reciente del 2004.

Carlos Moyà hace entrega a Rafael del trofeo *Nike Junior Tour* que ganó en 1999 en el Reial Club de Tennis Barcelona.

Nadal desfila de abanderado del equipo español de Copa Davis del 2000 en el Palau Sant Jordi de Barcelona.

El joven campeón observa a los campeones de la Copa Davis del 2000. De izquierda a derecha, Javier Duarte (capitán), Àlex Corretja, Juan Carlos Ferrero y Joan Balcells.

Nadal, en un momento del partido de Copa Davis que ganó
a Andy Roddick, en la final del 2004 jugada en Sevilla.

Juan Carlos Ferrero, Tommy Robredo, Jordi Arrese (capitán), Rafael Nadal y Carlos Moyà celebran la victoria de la Copa Davis en 2004.

Nadal y Moyà posan con la ensaladera de plata.

Nadal devuelve una bola desde el fondo de la pista.

El campeón manacorí devuelve forzado un revés en un partido del torneo Godó del 2006.

Nadal saborea un helado en la terraza de la zona de jugadores
en Roland Garros el año 2005.

Roger Federer y Nadal posan para los fotógrafos el día antes
de enfrentarse en las semifinales de Roland Garros de 2005.

El ex campeón sueco Mats Wilander conversa con Nadal después de haber peloteado juntos en un entrenamiento en Roland Garros de 2006.

Nadal saluda al ex número 1 mundial, el estadounidense John McEnroe, en una de las pistas de Roland Garros.

Toni Nadal bromea con su sobrino mientras éste realiza ejercicios de calentamiento en una pista en Roland Garros.

Rafael Nadal escucha las instrucciones de su tío en un entrenamiento en Roland Garros.

Los miembros de seguridad de Roland Garros protegen a Nadal mientras firma autógrafos en las instalaciones del complejo tenístico.

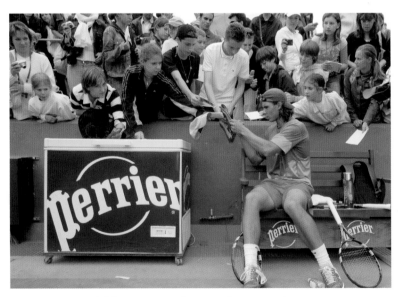

Nadal firma autógrafos a sus fans en un descanso de un entrenamiento en Roland Garros.

Nadal devuelve una bola desde el fondo de la pista central de Roland Garros.

Nadal imprime su explosiva velocidad sobre la pista para llegar a una dejada del rival.

La mirada intensa y concentrada, un gesto característico de Nadal en la pista.

Explosión de júbilo. Rafael acababa de ganar su primer Roland Garros en 2005 y celebró su triunfo tirándose de espaldas sobre la tierra.

Lágrimas. Nadal llora tras conseguir su primer triunfo
en Roland Garros. «Fue la primera vez que lloré
por ganar un partido», dijo.

Alegría. La familia Nadal celebra el triunfo
en el palco de Roland Garros de 2005.

El Rey Juan Carlos sonríe feliz momentos después de que Nadal
ganara la final de Roland Garros 2005 ante el argentino Mariano Puerta.

Zinedine Zidane, capitán de la selección de Francia de fútbol,
aplaude a Nadal después de entregarle la Copa de los
Mosqueteros como campeón de la edición de 2005.

El día después de ganar el título de Roland Garros 2005, Nadal posó
para los fotógrafos en el puente Bir Hakeim de París.

Nadal, acompañado de su madre Ana Maria, su hermana Maribel y su padre Sebastià, el 22 de mayo de 2006 en Barcelona, acude a recibir el premio Laureus del deporte como mejor revelación mundial del año 2005.

El campeón mallorquín bromea con un niño colgado de su cuello, en un acto de promoción celebrado en el Reial Club de Tennis Barcelona.

Nadal levanta con esfuerzo el pesado trofeo Godó que en 2006
conquistó por segundo año consecutivo.

Poderoso y concentrado, Nadal golpea con rabia una bola.

Después de cada entrenamiento en el Club Tenis de Manacor,
Nadal no se olvida de pasar la alfombra por la pista
para dejarla en condiciones.

Toni Nadal y su sobrino esperan para embarcar en una sala del aeropuerto de El Prat de Barcelona.

Cuidados. Nadal se protege con esparadrapo sus dedos antes de un entrenamiento.

Celebración. Nadal levanta los brazos después de clasificarse por segundo
año consecutivo para disputar la final de Roland Garros 2006.

Detalle de las zapatillas de Nadal en las que se ha inscrito su nombre, Rafa, y su grito de ánimo: Vamos.

Pau Gasol, el jugador de básquet de la NBA, celebra el aniversario de Rafael (3 de junio) en las instalaciones de Roland Garros en 2006.

Nadal observa con admiración a Roger Federer después de que
el nº 1 mundial conquistara su cuarto título en Wimbledon
tras ganarle en una emocionante y disputada final en 2007.

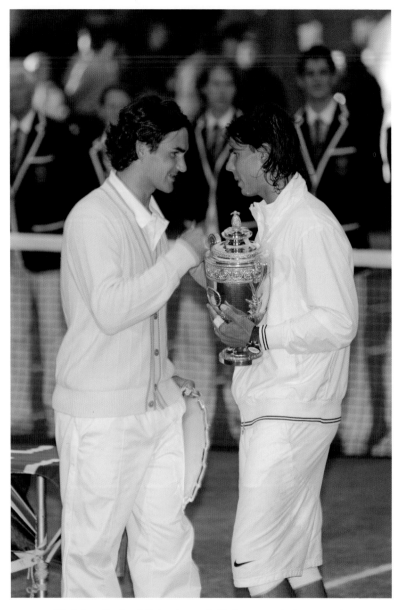

Nadal recibe las felicitaciones de Federer tras haber ganado
su primer Wimbledon en 2008.

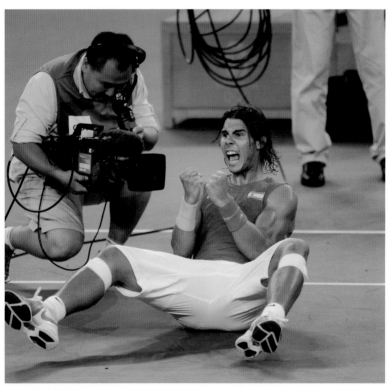

Nadal celebra eufórico la victoria sobre el chileno Fernando González
que le dio la medalla de oro en los Juegos Olímpicos de Pekín 2008.

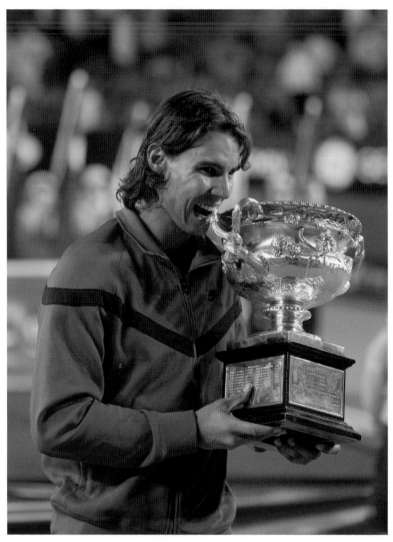

Su ya característico mordisco al trofeo, tras derrotar a Federer en la final del Open de Australia 2009.

Se lo comunicaron el martes por la noche en la reunión que habitualmente tenían los capitanes con todos los miembros del equipo antes de empezar las eliminatorias. Apostaron por él, convencidos de que el *biturbo*, apodo con el que lo bautizó Arrese por su garra y la fuerza con la que jugaba, no iba a fallarles.

—Hemos decidido que juegues contra Novak el viernes —le dijo Arrese—. Confiamos en ti, y creemos que eres ideal para jugar este primer partido. No tienes nada que perder. Sólo queremos que juegues como tú sabes, que luches hasta el final y que le compliques la vida, que le agotes para el resto de la eliminatoria, que lo rompas.

Ni su tío Toni veía clara esta decisión. Semanas antes, cuando regresaban de jugar el Abierto de Australia —donde Nadal alcanzó los octavos de final y tuvo contra las cuerdas a Lleyton Hewitt, tras un maratoniano partido que se decidió en cinco apasionantes sets—, le había prevenido de lo que podía encontrarse en Brno.

—Estás convocado. Es lo que siempre has soñado y me alegro por ti, pero no es la eliminatoria más fácil para debutar —le dijo, consciente de las dificultades que le esperaban—. Así que, tómatelo como una buena experiencia para aprender.

¡Menuda experiencia! Jugó los tres días. Debutó con una derrota ante Novak en tres ajustados sets, dos de ellos decididos en el *tie break*. No le fue mejor el sábado en el doble, que también perdió haciendo pareja con Robredo. Pero el domingo ganó el partido decisivo ante Radek Stepanek, el punto que decidía la eliminatoria. La responsabilidad no le pesó aquel día. Entró en la pista seguro de que iba a ganar ese partido y así se lo dijo a Feliciano López en el vestuario antes de que Feli saliese a jugar el primer partido del domingo en el puesto de Robredo; un Robredo al que los capitanes descartaron porque siempre había perdido contra Novak, aunque luego ese cambio táctico sirvió de poco porque el número uno checo no pudo jugar por lesión y fue reemplazado a última hora por Thomas Berdych.

—Feli, por favor, preocúpate sólo de ganar que yo después gano seguro —le soltó a su compañero mirándole fijamente a los ojos.

Lo tenía claro. Estaba seguro de no fallar. Y no sólo se lo dijo a su compañero. En el equipo nadie lo ponía en duda viendo su actitud. Incluso su tío Miquel Àngel se quedó sorprendido de su seguridad cuando le llamó por teléfono para saber cómo se encontraba y animarle de cara al decisivo partido que iba a jugar. Miquel Àngel estaba concentrado con el Mallorca para jugar un partido de liga y pensó que su sobrino lo estaría pasando mal.

—Me ponía en su piel y me acordaba de lo mal que lo pasé el día en que debuté con el Barça. Los nervios se me comían y la noche antes casi no pude dormir. Por esto le llamé. Quería tranquilizarlo, pero fue él quien me tranquilizó a mí.

—No te preocupes. Este partido lo gano seguro, no se me escapa. No he llegado hasta aquí para perder —le dijo su sobrino.

Y cumplió la promesa. Nadal ganó el punto decisivo que daba el triunfo a España. De este modo, logró su primera victoria en la Copa Davis y la primera en una pista *indoor*. De golpe, se convirtió en el héroe de la eliminatoria.

—¡Qué sensación! Fue increíble, como si acabase de marcar un gol para España en la Copa del Mundo de fútbol —recuerda.

Tras ganar el último punto, se dejó caer de espaldas sobre la moqueta. Todos los componentes del equipo saltaron a la pista para abrazarle y juntos, unidos en una piña, se pusieron a cantar y saltar enloquecidos.

—¡A por ellos, a por ellos! —gritaban.

Era el ritual que hacían cada vez en el vestuario antes de empezar los partidos. Arrese los reunía a todos en círculo, unidos por los brazos, para cantar y gritar frases inconexas en un idioma medio inglés y medio castellano que sólo ellos entendían, y que les permitían sacar tensiones, buscar emociones y sensaciones positivas, crear ambiente de equipo y hacérselo saber a los rivales.

—*We destroyed the sintetic courts!* —gritaba Arrese como un poseso en su particular *spanglish*, animándoles a seguirle mientras todos reían con la jerga del capitán.

La euforia de la victoria tardó días en desaparecer. Nadal se convirtió en el personaje del día en España. Todos querían hablar con él, entrevistarle, y conocer quién era ese chaval que les había mantenido en vilo ante el televisor.

Nunca en la vida recuerda Rafael haber dado tantas entrevistas. Desde que salió de los vestuarios, y hasta que se acostó en la cama, no paró de hablar por el móvil. Sus amigos le enviaban mensajes de felicitación. Uno de los primeros fue Carlos Moyà quien, por culpa de una lesión, al igual que Juan Carlos Ferrero, no había podido jugar la eliminatoria contra la República Checa.

Se le agotó la batería del móvil; pero daba igual porque llamaban al de su tío, al de su mánager o al de Pedro Hernández, el jefe de prensa de la federación, para poder hablar con él. Los periodistas lo acribillaron a preguntas. Una y mil veces contó las sensaciones que había tenido en la pista, cómo vivió el triunfo, los recuerdos de su infancia, sus sueños e ilusiones, cómo se hizo tenista, cuáles eran sus aficiones... Lo contó todo y no tuvo un no para nadie. Le pusieron a su madre al teléfono, a su padre, a su tío Miquel Àngel. Era increíble. Recuerda que Toni, cerca de él, se reía al verle en aquella situación y comentaba:

—Rafael es el tipo con más suerte que conozco. Ha jugado tres partidos, ha perdido dos, y ha acabado siendo el héroe de la eliminatoria.

Era su manera de contrarrestar una euforia excesiva que podía perjudicar a Nadal. Toni siempre ha procurado que su sobrino tocara con los pies en el suelo. Desde muy pequeño le ha inculcado una filosofía de vida muy especial en este sentido. Siempre ha evitado sobredimensionar cualquier éxito.

—No eres más que un chico que hace una cosa tan simple como pasar una bola por encima de una red, no te olvides de esto —le ha insistido siempre.

Aún recuerda el año que ganó el campeonato de España alevín de tenis y, delante de toda su familia, cuando celebraban el éxito, sacó un papel del bolsillo y le leyó uno por uno los nombres de los anteriores campeones mientras le preguntaba si los conocía y si alguno de aquellos jugadores había llegado a triunfar en el circuito profesional. La mayoría de nombres eran auténticos desconocidos para Rafael. De aquella larga lista sólo habían acabado destacando Sergi Bruguera, Àlex Corretja y Beto Martín.

Por esta razón, días después del éxito de Brno, cuando Nadal volvió a la realidad del día a día, Toni aprovechó para charlar con él y recordarle que sólo había dado un paso más en su formación, que debía olvidarse de la Copa Davis y seguir trabajando como siempre.

—De momento no has ganado ni un torneo en el circuito profesional y estás clasificado en el puesto 45 del mundo —le dijo—. Nos queda mucho por hacer.

Y así lo hicieron. De la Copa Davis ya no volvieron a preocuparse hasta jugar la eliminatoria de cuartos de final contra Holanda que se disputó el mes de abril en Palma de Mallorca ante sus paisanos y en una pista montada en El Coliseo, la plaza de toros de la ciudad. En aquella ocasión, Moyà y Ferrero acudieron a la convocatoria para jugar los individuales y él tuvo que conformarse con disputar el doble junto a Robredo. Era lo lógico. Por su veteranía, experiencia y clasificación, estaban muy por delante de él y debían de ser la base del equipo para la «reconquista» de la Copa Davis, tal y como Agustí Pujol, entonces presidente de la Federación Española de Tenis, bautizó al objetivo de ganar la segunda ensaladera para España.

—Vengo aquí dispuesto a llevar las toallas, el agua o lo que haga falta para estar en el equipo —dijo a la prensa cuando le preguntaron cómo se sentía al quedar relegado para jugar los partidos individuales.

Aquello era lo que menos le importaba. Nadal se sentía parte del grupo y era feliz así. No pedía más.

Sin embargo, y a pesar de no jugar los individuales, tuvo en sus manos la posibilidad de volver a decidir aquella eliminatoria cuando Robredo y él se colocaron con dos sets a cero a su favor en el doble. Habría sido el punto del 3-0. Pero cuando mejor lo tenían para rematar la faena, los holandeses le dieron la vuelta al marcador y salvaron el primer *match ball*. De todas formas, fue flor de un día porque, veinticuatro horas después, Ferrero sentenció la eliminatoria y el pase a las semifinales de la Copa Davis en un partido épico contra Martin Verkerk que se decidió al límite de los cinco sets. Aquel día Nadal se cansó más animando desde el banquillo que si hubiera estado en la pista jugando. Y disfrutó como nunca haciéndolo, sintiendo que así aportaba su granito de arena.

—Lo importante es ganar, no quién juegue —aseguraba, convencido, a todos los que le preguntaban.

Seis meses después, en las semifinales contra Francia, los capitanes volvieron a repetir el mismo equipo de Mallorca, con Moyà y Ferrero en los individuales y Robredo y Nadal para el doble. Rafael llegó a Alicante, donde se disputó la eliminatoria, con los deberes hechos y dispuesto a trabajar una vez más en equipo, recuperado ya de la lesión de escafoides del pie izquierdo que se produjo en el torneo de Estoril en abril y que le mantuvo de baja hasta después de Wimbledon. Se había pasado tres meses lesionado, y el objetivo marcado con Toni de acabar el año entre los veinte primeros del mundo se había esfumado. Del puesto treinta del mundo cayó hasta el cincuenta. Para Nadal, la Copa Davis era la mejor forma de engancharse de nuevo a la ilusión y de olvidar los malos momentos que había pasado. Y para conseguirlo, incluso rechazó la posibilidad de ir a jugar una semana antes al torneo de Pekín.

—El cambio de superficie y un viaje tan largo no te irán bien —le dijo Toni—. Si quieres jugar la Copa Davis, debes prepararla a conciencia. O vas a China o nos quedamos entrenando en Manacor sobre tierra. Tú decides.

Y optó por quedarse en casa. No se equivocó porque los franceses llegaron a Alicante dispuestos a plantar cara, aún conscientes de su inferioridad. Nadal recuerda la eliminatoria como una batalla táctica, parecida a las partidas de ajedrez que tanto le gustan jugar a su tío. La tensión era palpable en los dos equipos. Tanto el capitán francés, Guy Forget, como Arrese, Avendaño y Perlas, los responsables del G3, valoraron hasta última hora los jugadores que iban a utilizar.

Francia movió la primera pieza al hacer jugar el viernes a Santoro en lugar de Clement, como parecía más lógico por su mejor clasificación mundial. Forget prefirió utilizar al veterano tenista para enfrentarse a Ferrero y colocar a Mathieu contra Moyà. La estrategia le dio sus frutos. Mathieu ganó el primer punto en una batalla a cinco sets que se alargó cuatro horas y media, después de que Moyà dejara escapar en el quinto set un 2-0 y un 40-30 con su saque para colocarse 3-0. No lo aprovechó y acabó perdiendo el partido.

—He jugado atenazado —admitió Moyà, desconsolado tras su derrota—. Los nervios de hacerlo bien en la Copa Davis me han traicionado esta vez. En el quinto set estaba desquiciado.

Charly sufrió como nunca. Se dejó la piel y acabó hundido y destrozado en el vestuario. Nadal estuvo a su lado y le intentó animar como pudo para que no se desmoralizara. Sabía lo mucho que significaba para Moyà aquella Copa Davis, una competición que se había convertido en una espina clavada para él desde que fue descartado para jugar la final de 2000 en el Palau Sant Jordi de Barcelona y que, luego, perdió la de 2003 contra Australia en Melbourne.

Moyà le había confesado en distintas ocasiones que quería ganar la Copa Davis y que sentía que este año podía ser su última oportunidad para levantar la ensaladera. Por este motivo, Nadal entendía su reacción de rabia y desesperación tras su derrota ante Mathieu. Y por eso, él salió a jugar el doble el sábado con una motivación extra. Ferrero había acabado igualando el marcador de la eliminatoria al ganar a Santoro en un partido que tuvo que jugarse horas antes del doble al no poder concluirse el viernes por falta de luz natural. Nadal no estaba dispuesto a fallarle a su amigo. Y no lo hizo. Robredo y él se impusieron a Llodra y Clement en otro emocionante partido a cinco sets que permitió a España colocarse con ventaja de 2-1. Era la primera vez que España ganaba un doble en mucho tiempo.

La aportación de Nadal no acabó ahí. Por la noche, los capitanes le comunicaron que el domingo iba a jugar contra Clement en lugar de Moyà.

—*Charly* no está fino, se ha resentido del hombro; así que contamos contigo. ¿Te sientes preparado? —le preguntaron.

—Sí —les respondió, convencido.

Más tarde, después de cenar con todo el equipo, él y su tío estuvieron un buen rato en la habitación analizando el partido y valorando la situación. La responsabilidad que le acababa de caer encima no era fácil de digerir, así como tampoco tener que sustituir a Moyà, aunque su amigo había sido el primero en felicitarle y mostrarse contento de que fuera él quien ocupara su puesto.

No era una situación fácil para Nadal. Moyà ha sido el único ídolo que ha tenido en el tenis. Desde pequeño, siempre le ha profesado una gran admiración y respeto como jugador.

Y esto es recíproco por parte del ex número uno español, a pesar de que la aparición de Rafael en el circuito le robó protagonismo.

—No es fácil aceptar que te desbanquen, y menos que lo haga alguien que vive a unos pocos kilómetros de tu casa —comentó Toni.

Nadal siempre se ha sentido protegido y arropado por Moyà. *Charly* lo ha visto como a un hermano pequeño. Toni lo sabe y Joan Bosch —entrenador de Moyà durante esa época— se lo confirmó, por si tenía alguna duda, cuando le contó una situación que vivió al acceder Nadal a su primera final de Miami en el 2004 y, por primera vez, superó a Moyà en la clasificación mundial. Días antes, Bosch había llamado por teléfono a *Charly* para decirle que les vendría bien que Rafael no pasara a semifinales para que así no le superara en el ranking.

Pero Moyà, seco y categórico, le respondió:

—Joan, me da igual que me pase; yo siempre quiero que Rafa gane.

Este afecto especial lo notó una vez más en Alicante, durante la Copa Davis. Moyà le abrazó en los vestuarios antes de entrar en la pista.

—Estoy muy contento de que seas tú quien me sustituya —le dijo—. Ánimo, lo harás bien. Estoy convencido.

Nadal se sintió fuerte y seguro.

Dos horas después, Nadal le devolvió el abrazo con la alegría del deber cumplido. Había derrotado a Clement cediendo únicamente siete juegos. Otra vez acababa de ganar el punto decisivo de la eliminatoria. España estaba en la final de la Copa Davis. «Repetimos final y ésta no se nos va a escapar», proclamó Arrese, eufórico, desde el centro de la plaza de toros de Alicante mientras 10.500 personas aclamaban a todo el equipo y coreaban el nombre de Nadal para celebrar el éxito.

Sevilla fue el escenario elegido por la Federación Española de Tenis para enfrentarse a Estados Unidos. La ciudad andaluza se volcó para ser la sede de una final por la que hasta el último momento estuvo pujando Madrid que ofrecía montar una pista en el Rockódromo o en la plaza de toros de Vista Alegre. La altitud de la capital española desaconsejó esta opción porque, tanto los jugadores como los técnicos, consideraban que beneficiaba al equipo americano, especialmente a su número uno, Andy Roddick, un tenista capaz de sacar obuses a 249,4 km/h, un récord de velocidad aún no superado por nadie.

Por esta razón, la necesidad de jugar a nivel del mar era innegociable y, además, Sevilla presentó un proyecto espectacular. La idea era montar una pista cubierta, como obligaba la Federación Internacional de Tenis, pero abierta a los cuatro vientos —una desventaja más para los americanos—, y situada bajo el voladizo de una de las esquinas del estadio olímpico de La Cartuja. Esto permitía aprovechar los asientos fijos de las gradas de una esquina y colocar alrededor otras supletorias de mecanotubo para albergar a 26.600 espectadores, récord Guinness de capacidad en la centenaria historia de la Copa Davis. El resultado: un escenario imponente que se construyó en apenas setenta días y cuyo coste rondó los seis millones de euros.

En cuanto Nadal supo que los capitanes le habían incluido en el equipo junto a Moyà, Ferrero y Robredo, su única obsesión fue estar a punto para la gran ocasión.

—Participar en la final es lo más grande que me ha pasado hasta ahora. Estoy preparado para lo que los capitanes quieran —dijo, ilusionado, tras conocer su selección.

A finales de octubre jugó su último torneo del circuito en Basilea (*indoor*) y después se quedó entrenando en Mallorca junto a Moyà. Con dieciocho años y 185 días iba ser el tenista más joven en participar en una final de la Copa Davis después del alemán Boris Becker, quien lo hizo a los diecisiete años. Sin embargo, a Nadal este dato le traía sin cuidado. Lo importante era estar en el equipo y luchar por ganar la ensaladera de plata. En el 2000, con catorce años, había vibrado en las gradas del Palau Sant Jordi con el triunfo de Ferrero, Costa, Corretja y Balcells ante Australia. Entonces tuvo la ocasión de ser el abanderado del equipo español en la ceremonia de presentación de los equipos y se prometió a sí mismo que algún día lucharía por conquistar el título en la pista, aunque nunca pudo pensar que lo lograría tan pronto y que sería uno de los protagonistas del nuevo éxito de España.

Ni él ni nadie podía intuir que, de nuevo, iba a convertirse en el arma secreta del G3 en esta final. Inicialmente, Ferrero y Moyà eran los candidatos a jugar los individuales; incluso Robredo, mejor clasificado que él, parecía tener más opciones. Sólo llegar a Sevilla ya notó la tensión que se vivía en el equipo. La gran preocupación de los capitanes era el mal momento que estaba atravesando Ferrero. Llevaba dos meses sin jugar, desde que fue eliminado inesperadamente en el primer partido del Masters Series de Madrid en el que defendía el título del año anterior, y no se había adaptado a la nueva marca de raqueta que había estrenado en ese mismo torneo. Para colmo, en los entrenamientos, al valenciano le aparecieron llagas en las manos. Los nervios de todos estaban a flor de piel, aunque intentaban disimularlo de puertas afuera. Ferrero fue sometido por los capitanes a un plan de entrenamiento muy duro para intentar ponerle al máximo nivel. Fue el único del equipo que estuvo entrenando mañana y tarde durante los dos primeros días. Debía estar a tope para afrontar el viernes un partido vital contra Roddick.

Aún ahora, Rafael recuerda el murmullo que recorrió las gradas del estadio de La Cartuja el día del sorteo de los partidos cuando el juez árbitro de la final, el sueco Stefan Franson, dio su nombre como primer rival del número uno estadounidense en lugar de Ferrero. Nadal conocía la decisión de los capitanes desde la noche anterior, pero Ferrero se había enterado la misma mañana del jueves antes de desayunar. Su entrenador, Antonio Martínez Cascales, había pedido a los capitanes poder comunicárselo personalmente.

—Lo mejor es que descanse esta noche y yo se lo diga mañana —les propuso el técnico a los capitanes.

La cara de Ferrero, sentado en la última silla del equipo español durante la ceremonia del sorteo, era todo un poema. Su semblante serio delataba su enfado y decepción. Estaba anímicamente destrozado. Y no era para menos. Se había ido a la cama convencido de que iba a jugar y le despertaron anunciándole que se quedaba en el banquillo.

—Es una decisión de los capitanes —dijo Ferrero en una multitudinaria rueda de prensa—. Me ha sorprendido, para qué negarlo. Ha sido un pequeño palo para alguien que siempre lo ha dado todo en la Copa Davis. Creen que Rafa está mejor que yo.

—Si Juan Carlos nos hubiera dado la tranquilidad que siempre nos ha dado antes, seguro que jugaría —razonó Arrese para justificar el cambio.

Nadal, sentado allí en medio, se sintió incómodo como pocas veces recuerda haberlo estado. La situación no era agradable.

—Lo normal sería que jugase Juan Carlos —comentó—. Estoy sorprendido por la elección y un poco nervioso, pero a la vez ilusionado y preparado para ganar a Roddick.

En su fuero interno, Nadal tenía muchas más dudas y se lo había confesado a Toni. Pensaba que la apuesta de los capitanes era muy arriesgada y, aunque se sentía fuerte y capacitado para intentarlo, aquel lío no dejaba de ser una presión extra además de la que ya tenía por jugar la final. Era una tensión excesiva porque veía que en el equipo también existían dudas por aquella decisión y eso, lo quisiera o no, le afectaba.

—Tú no tienes que preocuparte por esta situación. Los capitanes han creído que debes jugar y ahora lo único importante es que saltes tranquilo a la pista. Todo irá bien —le animó su tío el mismo miércoles por la noche.

Toni estaba convencido de sus palabras porque le había visto entrenar a tope en Sevilla; pero en su interior, no podía evitar la intranquilidad y nerviosismo que sentía ante el compromiso de su sobrino. «¡Menuda papeleta!», pensó Toni cuando se lo comunicaron los capitanes.

Personalmente, estaba seguro de que Ferrero, número uno del mundo el año anterior, y Moyà, quien venía de jugar el Masters, iban a ser fijos para jugar los individuales igual que lo habían sido en las anteriores eliminatorias en Palma y Alicante.

A Toni Nadal le sorprendió la decisión.

—Han sido muy valientes —comentó—, más de lo que yo habría sido. En momentos así hay que sacar a los mejores y esos, para mí, eran Ferrero y Moyà.

Por este motivo, tras conocer la elección de su sobrino, Toni quiso saber la opinión de Moyà a quien realmente, después de la decisión del G3, y a fin de cuentas, le iba a caer encima toda la responsabilidad de la final.

Se tranquilizó al ver la reacción de Moyà.

—Me parece bien que juegue Rafa —le dijo—. Estoy seguro de que lo hará perfecto.

Era lo mismo que pensaban los capitanes.

—Juega como tú sabes, nada más —le soltó Arrese—. Si la cagamos, la culpa será sólo nuestra. La decisión la hemos tomado los tres por unanimidad y a conciencia. A Roddick te lo vas a comer con patatas.

Arrese estaba convencido de que Nadal no iba a fallarles porque lo había demostrado en los entrenamientos de aquellos días, adaptándose a una pista que se había preparado para que fuera lenta, y donde Rafael mostró estar a un altísimo nivel de juego.

El G-3 había decidido poner la ensaladera en sus manos con la seguridad de que no iba a decepcionarles como tampoco lo había hecho contra la República Checa y ante Francia, donde ganó los puntos decisivos que habían llevado a España a la final.

Pero aunque los capitanes estaban convencidos de su apuesta y quisieron calmarle y animarle, aquella noche antes del partido contra Roddick no durmió tranquilo. Nunca había dado tantas vueltas en la cama. Ganarle un punto a Roddick era decisivo para conquistar el título. Todos lo sabían y él era el primero que debía intentarlo.

El escenario de La Cartuja impresionaba sólo con verlo: todas aquellas banderas, un ondulante mar rojo y amarillo, un ruido ensordecedor que intimidaba a cualquiera. «Sevilla tiene un color especial» era el estribillo de la canción que se oía retumbar a través de los altavoces del recinto. Y nadie lo ponía en duda viendo aquella gran fiesta. El ambiente no tenía nada que envidiar a los partidos de la selección española de fútbol en que Nadal había visto jugar tantas veces a su tío Miquel Àngel también aquí en Sevilla. Allí se podía apreciar la fuerza extra de una afición bautizada como «el jugador número 12».

—Se me ha puesto la piel de gallina. Estar ahí abajo es alucinante —le confesó Moyà, tras ganar 6-4, 6-2 y 6-3 el primer punto a Fish—. Al principio estaba muy nervioso; pero después, al sentir todo ese apoyo, me he sentido con una fuerza increíble.

Aquel primer triunfo encendió la caldera de La Cartuja a pesar de que el termómetro de la pista marcaba cinco grados en un día gris, lluvioso y húmedo que helaba el cuerpo a cualquiera.

—*Charly* tenía razón. Sólo entrar en la pista, y oír el rugido de la gente, te ponía los pelos de punta y disparaba la adrenalina a niveles increíbles —recuerda Nadal.

La tensión y los nervios que había sentido mientras veía desde el banquillo el partido de Moyà se disiparon de golpe. Por nada del mundo podía fallar a aquella gente. Si Roddick quería ganarle, tendría que hacer el mejor partido de su vida.

—Tranquilo, Rafa; olvídate de todo y juega como sabes. Resta duro, muévele, y hazle sufrir desde el principio. ¡Ánimo, es todo tuyo! —le dijo Arrese nada más sentarse en la silla, seguro de que iba a aprovechar todo aquel ambiente a su favor.

«Rafa es un jugador increíble cuando juega por equipos, no he visto a nadie como él», recordaría Arrese meses después. «Está siempre cuando se le necesita. Sabe sacrificarse como nadie en la pista, y fuera de ella su apoyo y colaboración son absolutos. En la final fue increíble. Dio el *do* de pecho. Nosotros confiábamos en él, pero superó todas las expectativas. Supo dominar el partido, marcar los tiempos y utilizar el apoyo de la grada como una fuerza más. Fue impresionante. Tener un jugador como él es un lujo».

Nadal salió como un toro desbocado y puso a tope la caldera de pasiones que los españoles esperaban encontrar en La Cartuja. El partido se jugó a un ritmo infernal, sin ningún tipo de concesiones. Roddick sacó todo su arsenal desde el primer punto; pero Nadal no se dejó intimidar ni cuando perdió el primer set en el *tie break*, donde dejó escapar una ventaja a su favor de 5-2. Los tres sets siguientes ya no se le escaparon y Nadal envió al número dos del mundo a los vestuarios después de cuatro horas de combate sin cuartel y tras vencerle por 6-7 (6-8), 6-2, 7-6 (8-6) y 6-2.

«Roddick, la Copa Davis se mira pero no se toca», cantaban los aficionados desde las gradas.

A Nadal se le ponen aún los pelos de punta cuando recuerda aquel momento. No se le olvidará en la vida. Se tiró al suelo, se rebozó de tierra, y corrió luego al banquillo para celebrarlo con todos. Arrese se lo subió a los hombros y todos le abrazaron saltando locos de alegría, incluido Ferrero quien, al principio del partido, había estado muy serio en la pista. «El 50 % de la victoria se la debo al público», dijo Nadal, rebosante de felicidad, mientras Roddick confesaba: «Nunca había vivido algo así». Fue la apoteosis.

La euforia continuó en el vestuario a pesar de que los capitanes pedían calma.

—Chicos, sois grandes —decía Avendaño—. Hemos dado un gran paso, pero no podemos relajarnos nada. Queda el trabajo más duro. Nos falta un punto.

Los capitanes optaron al día siguiente por presentar a Ferrero y Robredo para jugar el doble ante los hermanos Bryan, conscientes de las pocas opciones que España tenía de ganar ese punto. El G3 prefería poner toda la carne en el asador en los individuales del domingo.

La derrota en el doble no enfrió los ánimos. Todos daban el punto por perdido, incluidos Robredo y Ferrero, quienes salieron a la pista poco convencidos. Su papel no fue agradable e intentaron cumplirlo lo mejor que pudieron.

La fiesta se aplazó veinticuatro horas y, esta vez, el protagonista fue Moyà, su amigo, el único tenista al que Nadal ha tenido como ídolo de juventud. Le emocionó ver a *Charly* celebrar la victoria ante Roddick por 6-2, 7-6 (7-1) y 7-6 (7-5) para ganar el punto decisivo de la final ante un rival con el que había perdido las tres anteriores ocasiones.

—*Charly* se merecía algo así —comentó.

Todos saltaron a la pista para abrazar a Moyà y mantearle una y otra vez al ritmo del *I will survive* de Gloria Gaynor. La explosión de júbilo fue imparable y muy similar a la que Nadal había visto en el Palau Sant Jordi, aunque esta vez la vivía en primera persona, como un miembro más del equipo español. *Triturbo*, le rebautizó Arrese en los cánticos del vestuario donde se fotografió con los príncipes de Asturias, Felipe y Leticia, quienes quisieron celebrarlo personalmente con todos ellos. Incluso tuvo la oportunidad de hacer su parlamento ante un público que durante los tres días no dejó de animarles y corear sus nombres.

—Bueno, a ver si nos vemos pronto. Venga, hasta luego —dijo avergonzado cuando Moyà le pasó el micro para que hablara.

Todos rieron viéndole en apuros para expresarse ante toda esa gente.

Las semanas siguientes se las pasó de homenaje en homenaje por media España. Sevilla, Madrid, Mallorca, Manacor... todos querían agasajarles y celebrar su éxito.

Desde aquel 5 de diciembre de 2004 las cosas cambiaron mucho para él y el propio equipo. Al año siguiente vivió la otra cara de la moneda de la Copa Davis, la hora de las decepciones. España cayó en la primera ronda en Bratislava (Eslovaquia) y tuvo que jugarse la continuidad en el Grupo Mundial, la elite de la Copa Davis, en Italia.

Del equipo campeón de Sevilla ya sólo quedaba Nadal. Moyà había anunciado su decisión de tomarse un año sabático para centrarse en su carrera individual, y Ferrero y Robredo se autodescartaron por problemas físicos. Además, el G3 se había quedado en un G2 después de que el nuevo presidente de la Federación Española de Tenis, Pedro Muñoz, optase por cesar a Josep Perlas, argumentando que el cargo «era incompatible» con su trabajo como entrenador del tenista argentino Guillermo Coria. Los jugadores se quejaron de no haber sido consultados para esta decisión y Nadal fue uno de los más beligerantes con Muñoz.

—Me parece muy feo que nos enteremos de algo así leyendo la prensa por Internet —declaró, desde Buenos Aires—. No me ha parecido nada bien, y tanto yo como el resto de jugadores estamos molestos. No entiendo que el nuevo presidente, Pedro Muñoz, entre en la federación y de pronto, ¡pum!, tome una decisión sin comunicarnos nada a los jugadores. Algo tendremos que decir sobre el tema, ¿no? Lo ha hecho sin ton ni son. ¿Para qué cambiamos si en cuatro años hemos sido dos veces campeones y una vez finalistas? Todos estamos muy sorprendidos.

Meses después, en Roland Garros, se cruzó con el presidente de la federación por primera vez desde la polémica decisión y recuerda que le dijo:

—La que has liado, Pedrito.

En Bratislava, Nadal experimentó la frustración de la derrota y la decepción de no jugar los individuales. A pesar de ser el número uno español, Arrese y Avendaño optaron por descartarle el primer día y reservarlo para jugar el doble junto a Albert Costa, con quien habitualmente jugaba por equipos en el Reial Club de Tennis Barcelona, su club. Fue una decisión que sorprendió a la prensa y a los aficionados porque Nadal venía de ganar, la semana anterior, dos torneos de la gira americana de tierra en Costa de Sauipe (Brasil) y Acapulco (México).

—Apenas has tenido un par de días para entrenar en esta pista y creemos que aún no estás adaptado —le dijeron los capitanes en la reunión con el equipo—. Vienes de jugar tres torneos de tierra al otro lado del mundo y a 35 grados de temperatura. Preferimos que los individuales del viernes los jueguen Feli y Verdasco, y que tú juegues el doble. Y así, si es necesario, el domingo podrás estar más adaptado.

Su tío Toni pensaba lo mismo que el G2.

—Lo normal es que no juegues —comentó—. Llegas demasiado justo y con un cambio de horario al que debes adaptarte.

Nadal aceptó la decisión con resignación aunque, en su fuero interno, se sentía fuerte para saltar a la pista y jugar ante quien fuera y en la superficie que fuese. Y lo demostró al día siguiente en el doble con Costa en el que, pese a perder en tres sets (7-6, 6-4, 7-6), forzaron dos *tie breaks*.

Pero la verdadera prueba de fuego la tuvo en Torre del Greco ante Italia. Allí sintió en su piel por primera vez lo que suponía llevar el peso del equipo, ser el líder. En esa eliminatoria no se podía fallar, estaba en juego la permanencia. Teóricamente, y a pesar de jugar fuera, España era clara favorita porque los partidos se iban a jugar sobre tierra; además, por ranking, sus tenistas eran muy superiores a los italianos. Pero todo resultó más complicado de lo que cabía suponer ya que el último día, el domingo, España iba, sorprendentemente, por debajo en el marcador (2-1), tras la derrota de Ferrero con Seppi en el primer partido del viernes y la del doble de Nadal y Feliciano López contra Bracciali y Galimberti. Ni los mismos italianos podían creerse el resultado ni que disponían de dos oportunidades para enviar a segunda al campeón de la Copa Davis del año anterior.

Y por una vez, Nadal sintió la presión; esa fuerza que paraliza piernas y brazos y que nubla la mente. Fue en su partido contra Seppi. Le pareció que lo tenía controlado cuando se apuntó los dos primeros sets (6-1, 6-2); pero en el tercer set, todo se complicó. Fue como si se le fundieran los plomos. Se quedó sin fuerza. Sus golpes se quedaban cortos y las piernas no respondían mientras Seppi le iba comiendo el terreno, entrando en el partido y desbordándole.

Durante los cambios, Arrese intentaba calmarlo y animarlo.

—No te preocupes —le decía—. Alarga la bola, aguanta.

Pero Nadal no podía. Se sentía impotente y, desesperado, miraba a su tío Toni.

—¿Qué hago? —le preguntaba.

Toni le insistía que aguantara, que luchara, que se relajara.

El doctor Cotorro le pedía que bebiera sales, que comiera un plátano; pero su rostro de preocupación era evidente. Estaba parado y Seppi supo aprovecharlo para apuntarse el set (7-5).

Nadal lo vio todo perdido, no era capaz de reaccionar.

—No tengo fuerzas, no puedo moverme —le confesó a Arrese en el descanso, al sentarse en la silla—. La pista está muy lenta.

—Dile al árbitro que tienes que ir al lavabo —le ordenó el capitán.

La situación era desesperada, recuerda. Toda la tensión acumulada le cayó encima de golpe. Hasta aquel día, la Copa Davis sólo le había dado alegrías. Pero ahora temía lo peor. Si él no ganaba, Ferrero ya no podría salvar la eliminatoria en el quinto punto.

Arrese y Nadal se fueron al vestuario. Allí, hundido, sentado en el retrete, con la vista clavada en el suelo, Rafael insistía desesperado:

—Jordi, no puedo. Estoy sin piernas.

—Olvídate de eso, este partido lo tienes que ganar por tu juego y no por el físico —le razonó el capitán. Y añadió—: Tú sabes jugar a tenis. Eres mejor. Abre la pista, entra más, busca los ángulos y juega más plano.

A Nadal le vinieron a la cabeza los consejos de Toni: «En la pista no hay ranking que valga. Si quieres ganar, tienes que luchar y sacrificarte; no todo es bonito y perfecto. Ya sabes, hay que conjugar el verbo aguantarse las veces que haga falta».

Volvió a la pista con la moral cargada, más tranquilo; consciente de que todo seguía en sus manos y de que iba a luchar para que no perder el partido. Y lo logró. El cuarto set no se le escapó y, después, Ferrero remató el trabajo para apuntar el punto definitivo de la eliminatoria.

Todos lo celebraron en el vestuario. No obstante, a pocos metros de allí, el nuevo presidente, Pedro Muñoz, se mostró muy duro con los capitanes y criticó que le hubieran alineado en los tres partidos. «Se ha hecho uso y abuso de Nadal», dijo a la prensa, preparando el camino para la futura sustitución en la capitanía de Arrese y Avendaño la temporada siguiente por Emilio Sánchez, algo que ya barruntaba desde que llegó al cargo.

—Uso y abuso ¿de qué? —se pregunta Nadal un año después, camino de Santander donde España vuelve a jugarse la permanencia y donde es posible que Emilio Sánchez decida también contar con él para individuales y dobles.

Nunca pensó que los capitanes abusaran de él, al contrario; siempre se sintió agradecido por el trato y la oportunidad que le dieron de jugar la Copa Davis y formar parte del equipo campeón de 2004. Ellos se atrevieron a hacerle debutar cuando no era nadie; siempre le apoyaron y le animaron, especialmente en los momentos duros como en Torre del Greco. Por esta razón, les está inmensamente agradecido y en su día le sentó muy mal que la federación prescindiera de ellos y le utilizaran para hacerlo.

Se sintió engañado y se lo comentó a Toni. Estaba dispuesto a cualquier cosa, incluso a renunciar a la Copa Davis; pero tanto Arrese como Avendaño fueron los primeros en pedirle que olvidara esa idea.

Apenas ha transcurrido un año desde todo aquello... aunque le parece un siglo. El tiempo, como le ha dicho muchas veces Toni, lo borra todo, para bien o para mal. Ahora las cosas han cambiado bastante. De ser el último de la fila, ha pasado a liderar el equipo de Copa Davis, a ser el hombre en quien todos confían en los momentos difíciles.

—Tener un jugador como Nadal en el equipo es un sueño para cualquier capitán —ha dicho Emilio Sánchez.

A Rafael le halaga oír cosas así, pero no se siente ningún líder. Al contrario, cada vez que acude a una convocatoria de la Copa Davis lo hace con la ilusión de formar parte de un equipo y de poder representar a España. Esta sensación no la cambia por nada del mundo. Incluso, para sentirse más implicado, en la última eliminatoria le pidió a Nike que le hiciera unas muñequeras con los colores de la bandera ya que, por cuestiones de contrato, no puede llevar el nombre de España en la espalda de su camiseta como hacen otros jugadores en la Copa Davis. Y no sólo eso, para el futuro ya ha pedido que le fabriquen también unas zapatillas y un equipaje especial para poder jugar y sentirse más identificado.

Ahora tendrá la oportunidad de volver a sentir el calor del público, algo único y que sólo se da en los partidos de Copa Davis. Desde la final de Sevilla en el 2004, Nadal no ha vuelto a jugar ninguna otra eliminatoria en España y se muere de ganas por hacerlo. La Federación Española de Tenis y el ayuntamiento de Santander han preparado un escenario espectacular, una pista de mecanotubo con capacidad para 10.500 personas que se ha instalado en el recinto de La Magdalena y cuyas entradas están ya vendidas desde hace meses, desde que se supo que Nadal estaría en el equipo español.

En Santander ya tienen experiencias en construcciones de este tipo. En el año 2000 prepararon una pista aún más grande y espectacular para albergar la eliminatoria de semifinales ante Estados Unidos. Entonces congregaron a 15.000 personas. Impresionaba ver aquella instalación de mecanotubo con forma de pentágono y abierta a los cuatro vientos; una mole de varios pisos de altura, construida a un centenar de metros de la playa, en la bahía de El Sardinero.

Nadal recuerda las imágenes de aquella victoria. Las vio y las vivió a través de televisión, en Manacor, al lado de su familia. Años después, ha tenido la oportunidad de comentarlas con Ferrero, Corretja, Albert Costa y Balcells, los protagonistas de aquella victoria que tanto le hizo vibrar a él y a toda España; un contundente triunfo por 5-0 ante el equipo de Estados Unidos que entonces estaba capitaneado por el carismático John McEnroe.

Los que estuvieron en las gradas de ese monstruo de hierro, le han explicado que les parecía estar montados en un inmenso barco varado sobre la arena, en uno que se balanceaba dulcemente de un lado para otro al ritmo de la música de *I will survive*, la canción de Gloria Gaynor que aquel año se convirtió en el segundo himno del equipo español en todas sus eliminatorias hasta la final del Palau Sant Jordi en Barcelona.

Esta vez, de todas formas, el aforo se ha disminuido porque los responsables creían que una eliminatoria por la permanencia, y ante Italia, no congregaría a tanta gente. Pero las previsiones se han desbordado. Santander está colapsada. Todos los hoteles están llenos y encontrar una habitación en estas fechas de septiembre es imposible. Hay mono de Copa Davis y, especialmente, los aficionados tienen mono de Rafael Nadal. Quieren ver en directo a ese fenómeno que consigue mantenerles ante el televisor horas y horas; a ese chico que les cautiva por su juego, su capacidad de lucha y su mentalidad.

Las condiciones climatológicas tampoco son las mismas. En el 2000 se jugó en el mes de julio, a más de 30 grados de temperatura. Ahora se va a jugar en septiembre y con un tiempo muy distinto. Desde que Nadal llegó a Santander, planea sobre la costa del Cantábrico la llegada del ciclón *Gordon* que estos días está descargando su ira sobre Galicia. Las previsiones dicen que este fin de semana su cola llegará a la costa del Cantábrico. El anemómetro del servicio meteorológico de Santander marca vientos de más de 50 kilómetros por hora. Desde lo alto de las gradas de la pista de La Magdalena se puede ver una fuerte marejadilla en la bahía de El Sardinero. El mar está revuelto y el viento se ha convertido en un molesto invitado que vuelve locos a los tenistas en los entrenamientos.

—Mientras sople el viento del sur, no habrá problemas —comentan los pescadores de la zona.

Y Nadal no duda de que sus pronósticos serán los buenos. Cuando sale a pescar en barca por Manacor, él siempre se fía de lo que le dice la gente de mar de la zona.

En estos momentos, a Nadal le preocupan otras cosas; y no precisamente el tiempo. De cara a la eliminatoria contra Italia, su tío Toni le ha puesto en alerta.

—No te fíes. Estás jugando bien, pero últimamente te está fallando la cabeza. Me preocupa que te suceda como en Cincinnati, en Toronto y en el US Open —le dice, recordando los últimos resultados que ha tenido en la reciente temporada americana que acaba de concluir y donde no ha logrado pasar ni un torneo de cuartos de final—. Ahora te puede volver a suceder.

Rafael no se puede creer que su tío le diga ahora esto. «¡Vaya manera de dar ánimos!», piensa.

—¿Tú crees que es el mejor momento de decirme eso? —le pregunta.

—Claro —le responde Toni, impasible y serio—. Tienes que asumir esa posibilidad. No pienses que, porque no hablemos de ello, no tendrás el problema cuando juegues. Hay que estar atentos y preparados. Si en estos torneos que te digo no has estado bien de cabeza, ahora, porque yo no te lo recuerde, no querrá decir que no puedas volver a fallar de lo mismo. Has de prevenir que esto puede pasar y debes encontrar soluciones.

Fuera del equipo hay demasiada euforia. Se palpa en el ambiente cuando se le acercan los aficionados a saludarle o pedirle autógrafos.

—¡Rafa, dadles caña a esos italianos! ¡Les vais a ganar 5-0 y sin bajar del autobús! —les suelta un seguidor cuando se dirige con sus compañeros al Palacio de La Magdalena para el sorteo de los partidos.

Nadie piensa que se pueda perder esta eliminatoria. Y los aficionados tienen sus motivos lógicos. Se juega en casa, sobre tierra batida, y con el apoyo de 10.000 seguidores. Y no sólo eso, el mejor del equipo italiano, Filippo Volandri, está en el ranking mundial diez puestos por detrás del peor clasificado del equipo español formado, además de por Nadal (número dos del mundo), por Tommy Robredo (número siete), David Ferrer (número quince) y Fernando Verdasco (número veintinueve).

—España es el equipo más fuerte del mundo en tierra —dice Corrado Barazzutti, ex tenista y ahora capitán de Copa Davis italiano—. Además, tiene a un monstruo como Nadal; pero no venimos a Santander sólo a disfrutar del paisaje y de la comida.

Nadal también sabe que no lo tendrán fácil aunque sean claros favoritos. En la Copa Davis no hay enemigos pequeños.

—Si queremos ganar, habrá que jugar todos los partidos con concentración y humildad —recalca, recordando los problemas que tuvo el año anterior ante Andreas Seppi con quien volverá a cruzarse esta vez el primer día de la eliminatoria.

Y desde el primer punto, se confirma su pronóstico. A España le toca sufrir antes de poder lograr la permanencia en el Grupo Mundial. Italia consigue la victoria en el partido que abre la eliminatoria. Volandri le gana a Robredo con inusitada facilidad por 6-3, 7-5 y 6-3. Tras esta derrota, toda la presión cae sobre Nadal. No puede fallar porque, si lo hace, sabe que se abrirán las puertas al abismo del descenso. No quiere ni pensarlo, pero juega ante un rival del que tiene un mal recuerdo desde que se enfrentaron en Torre del Greco y lo tuvo contra las cuerdas. «Esta vez no puede ser igual», piensa.

Nadal entra en la pista con la lección bien aprendida, no quiere problemas. En veinte minutos se coloca 6-0, y en menos de dos horas iguala el marcador de la eliminatoria al vencer por 6-0, 6-4 y 6-3.

La derrota de Robredo provoca un dilema a Emilio Sánchez. El capitán debe decidir qué doble utilizará ante los italianos. Inicialmente contaba con Robredo y Verdasco, pero ahora duda y piensa en hacer jugar a Nadal con Verdasco, una pareja que este mismo año ha alcanzado la final en Stuttgart.

El temor del capitán español no son sus jugadores, sino el recuerdo de la eliminatoria disputada el año pasado en Torre del Greco. Entonces, Arrese y Avendaño utilizaron a Nadal también para el doble junto a Feliciano López; un partido maratoniano que se alargó casi cinco horas y donde el manacorí se vació para intentar una victoria que se escapó en el quinto set y que cedieron por 9-7. Aquel fue un sobreesfuerzo que Nadal pagó en la última jornada y que a punto estuvo de costarle la derrota ante Seppi.

—Entonces disteis palos por esa decisión y ahora queréis que Nadal juegue los tres puntos —dice Emilio en la conferencia de prensa, sentado junto a Rafael, quien se ríe por la situación.

Luego, en la cena del equipo, valoran las opciones con todos los componentes del mismo. Robredo es el primero en aceptar el cambio. Así, al día siguiente, Nadal vuelve a saltar a la pista en compañía de Verdasco para ganar el segundo punto.

—Nadal es un motor. Tira de los demás, los motiva... tiene mucho corazón y eso es vital en la Copa Davis —valora Emilio Sánchez.

La última jornada tampoco resulta un camino de rosas. Nadal debe sufrir en la pista ante Volandri para ganar el punto definitivo en un partido en el que debe remontar un marcador en contra de 6-3, 5-4 y 0-30. De pronto, recuerda la advertencia de su tío: «No falles de cabeza». A partir de ese instante, esto le ayuda a concentrarse y levantar la situación.

—Ha sido una lección que debo aprender para el futuro —comenta Robredo, al ver la actuación de su compañero en la pista.

—Nadal es así, un fenómeno —asume Barazzutti tras la derrota—. Siempre levanta el listón cuando lo necesita, y obliga a jugar al rival bajo una tensión mental y física muy alta que es difícil de aguantar.

El capitán italiano desconoce lo que ha sufrido el campeón español en la pista para conseguir el triunfo. Nadal siente que ha estado tres días al límite, pero está feliz porque esta vez la cabeza no le ha fallado. Ha dado un ejemplo de madurez. La misión está cumplida. España seguirá en el Grupo Mundial de la Copa Davis.

Ahora sí, por fin, Nadal se siente liberado. Acabará el año 2006 como número dos del mundo, ha logrado una racha de 62 partidos sin perder en tierra, ha revalidado los títulos de

Roland Garros, Roma, Montecarlo y Barcelona, y ha alcanzado la final de Wimbledon. ¿Qué más se puede pedir? Ni él soñaba con conseguir todo esto al inicio de la temporada. Y el premio a tanto esfuerzo le espera en la Copa Masters de Shangai, donde esta vez ninguna lesión le impedirá jugar.

CAPÍTULO 6

EL CONTEXTO FAMILIAR

Entiendo el deporte como algo simple.
No creo en la suerte. El trabajo y el sacrificio
es lo único que te pueden hacer triunfar.

TONI NADAL

—¡Controla el movimiento de los pies! ¡Pégala un poco más plana, con más agresividad!

Rafael Nadal ha llegado al final de la temporada 2006 y hace ya algunos meses que Toni, su tío y entrenador, le está increpando tanto en los entrenamientos como en los partidos para lograr que se acostumbre a ser más agresivo con su juego.

—Lo eras cuando niño, cuando aprendiste a jugar, e incluso cuando entraste en el circuito profesional. Y no debes perder nunca esa frescura —le aconseja Toni.

—Todos los jugadores tienden a volverse más conservadores con el paso de los años y, especialmente, si las cosas les van bien —agrega Francis Roig, quien ha acudido a Manacor para trabajar unos días con Rafael.

Él será quien le va a dirigir y entrenar durante los primeros torneos del año 2007 hasta que se incorpore su tío ya en el Open de Australia, la primera gran cita de la temporada.

El año ha concluido. Todos están en casa. Ya han quedado atrás los cuartos de final del Open de Estados Unidos, la derrota ante Berdich en el Masters Series de Madrid, y las semifinales que alcanzó en su primera participación en la Copa Masters de Shangai.

Sin embargo, hay algunas lecciones que Rafael debe aprender.

—Logramos tres *breaks* contra Blake y acabamos perdiendo por 7-0 en el desempate. Y después, estuvimos 5-4 arriba con Federer y con el saque en tu poder y cediste el servicio. Algo no está funcionando —le dice Toni, haciendo un último análisis de su reciente actuación en Shangai.

—Bueno, Blake tuvo mucha suerte —le replica Rafael—. Se la jugó tres veces seguidas y las tres le entraron.

Pero Toni insiste:

—No te engañes. Si eso te ocurre una vez, tienes razón; es una cuestión de suerte. Pero cuando te sucede diez veces, ya no. Le entraron porque se las jugó. Y por eso te ganó.

Toni sabe que Rafael se fue a China un poco corto de preparación porque una inoportuna rotura fibrilar en el recto abdominal derecho le impidió entrenar con la intensidad necesaria. Pero lo obvia. Esa lesión se la produjo en el Masters Series de Madrid, como consecuencia de la aplicación de los cambios que estaba realizando en su servicio. Hace años que Nadal sabe que es el golpe de su juego que más debe mejorar. En este aspecto, aún está muy por debajo de los mejores. Sólo hay que ver las estadísticas de la ATP de *aces* y puntos ganados con el primer servicio: en ninguna de ellas está entre los quince mejores del circuito. Y lo sabe.

Cuando en 2003 perdió en la tercera ronda de Wimbledon su partido contra el tailandés Paradon Srichaphan, le dijo a Feliciano López: «Con este saque no voy a ninguna parte». Entonces tomó conciencia del problema, y este año ha intentado modificar el movimiento de los pies, separarlos un poco más para asentarse mejor y cerrar más el codo en la subida, concluyendo el armado del golpe por detrás de la cabeza, y consiguiendo así un *swing* más largo y una mayor velocidad de bola; un movimiento más natural y menos forzado que debe permitirle sacar a más de 200 kilómetros por hora, o al menos a más de 190. Ahora, muchas veces no llega a los 180 km/h. Y esto es un handicap, especialmente en pista dura.

Pero este cambio le obliga a modificar también algunos apoyos de pies y a hacer trabajar más a varios músculos que se habían vuelto un poco perezosos. De ahí la leve rotura fibrilar que sufrió en Madrid. La cuestión es que, en el futuro, Rafael debe mostrarse más agresivo. Y hay dos razones fundamentales que han llevado a esta conclusión: necesita esta mejora para poder ganar a los grandes jugadores en superficies rápidas y en hierba; y, además, le resulta indispensable ganar los puntos sin tanto desgaste físico.

Es lo que viene intentando desde que concluyó el Open de Estados Unidos de 2006 con una inesperada derrota ante el ruso Mikhail Youzhny, entonces número 54 del mundo. Desde ese día, tanto Rafael como su tío Toni decidieron prácticamente dar la temporada por finalizada a la espera, básicamente, de lo que pudiera ocurrir en la disputa de la permanencia de la Copa Davis. El planteamiento era muy sencillo.

—Lo que vamos a intentar desde este momento es trabajar a fondo con el nuevo estilo de juego para intentar conseguir que puedas tenerlo mecanizado ya para el Open de Australia —le dijo su tío—. Ahí es donde vamos a centrarnos.

Y desde aquel momento, Rafael se aplicó en el cambio. Ganó sus partidos contra Italia en la Copa Davis, pero después no le importó sufrir algunas derrotas ilógicas porque sabía que estaba trabajando con una perspectiva a más largo plazo. En Madrid logró alcanzar un excelente nivel con su drive, atacándolo bien, dando velocidad y ángulos a la bola, y jugando sin tantos efectos, algo más plano. Pero el torneo acabó en cuartos de final ante el checo Tomas Berdych.

Ya no volvió a jugar hasta el Masters de Shangai.

—Es una ciudad que no me gusta. Siempre tan gris, con esa nube de polución que tapa permanentemente el cielo. Sólo hoy he visto brillar el sol por primera vez en diez días —confesó cuando llegó, con todos los fastos propios de una gran estrella, al acto de presentación del torneo.

En esta ocasión, el acto se había organizado en un edificio muy céntrico, junto al río Huangpu, con la parafernalia propia de una celebración de Hollywood.

En Shangai todo tenía un aire de grandeza: Mercedes S350 con chofer en la puerta del hotel, las mejores suites del Hilton en el centro de Pudong —el barrio de los rascacielos y el más comercial de la ciudad—, detalles tan increíbles como tener el albornoz, las almohadas, el batín, las toallas, las sábanas y las almohadas bordadas con su nombre, o recibir regalos —gemelos de plata, chaquetas de piel, flores— prácticamente cada día. Tras su abandono antes de comenzar en el torneo de 2005, esta vez Nadal pudo disfrutar de todo este lujo como jugador en activo; uno de los ocho mejores, el segundo del mundo, que no fallaron a la cita.

—Bueno, no del todo, porque la suite sólo la vi pero no me alojé en ella. En mi familia todavía se respetan las jerarquías y la disfrutaron mis padres, como hacen siempre que vienen a los torneos. Yo compartí habitación con Tomeu y nos lo pasamos en grande —recuerda.

Nadal no tiene problemas en este sentido, no necesita grandes lujos materiales y nunca los ha querido ni ha hecho ostentación de ellos. Se conforma con tener su *play station* y poder jugar con sus amigos o retar a sus compañeros tenistas. Disfruta tanto ganándoles ante el televisor como en la pista. Se lo pasa bomba y le sirve para relajarse, aunque su tío preferiría que utilizara los tiempos muertos para salir más y visitar las ciudades donde juega los torneos. Esta es una asignatura pendiente que el técnico ya da por perdida.

Nadal siempre lleva la consola de juegos con él, como si fuera una raqueta más del equipaje, lista para disputar partidas en cualquier torneo. Le encantan especialmente los juegos de fútbol y suele identificarse con Ronaldinho, aunque no sea del Real Madrid, su equipo preferido.

En Shangai se ha pasado horas y horas jugando con To-meu Salvà, con quien ha hecho pareja y retado varias veces a David Nalbandian, Carlos Costa y Benito Pérez Barbadillo en partidos «a muerte», hasta que este último, en un exceso de euforia al celebrar un gol, rompió un mando y no pudieron jugar más. No es el único que se excede. Nadal también se des-boca en esas partidas y hace cosas que no haría ni loco en la pista. Grita, se desespera cuando le marcan un gol. Sus com-pañeros tenistas incluso han colgado un video en la página de *you tube* donde se le ve en plena acción tirándose por el suelo, mordiendo el mando o golpeando la pared de la habitación de un hotel en el torneo de Bastad, después de que Carlos Moyà le ganara un partido por goleada.

Ahora, junto a Toni en Manacor, analizan su actuación en el torneo y concluyen que las cosas no fueron tan mal... pero que hay que seguir trabajando. En Shangai perdió contra Bla-ke, al que todavía no ha logrado ganar, pero superó a Tommy Robredo y al ruso Nikolay Davydenko, lo que le abrió las puertas de las semifinales. Ambos consideran un éxito haber alcanzado esta ronda en su primera participación de verdad. Y más aún, teniendo en cuenta que eso le permitió cerrar la temporada con un último enfrentamiento con su gran rival, el número uno, Roger Federer. Pero, aún con cosas por corregir, lo que más satisfacción les dio fue comprobar que Rafael rea-lizó un gran esfuerzo mental para acostumbrarse a ser más agresivo.

—Por su tipo de juego, Rafael exige mucho a su cuerpo. Necesita jugar con más golpes ganadores y mecanizar este nuevo esquema de juego para evitar que le ocurra como a otros jugadores que han sido demasiado defensivos durante sus carreras y no han evolucionado —le ha comentado Toni a su hermano Sebastià.

Son conscientes de que necesita mejorar todavía varios aspectos de su juego, porque tiene capacidad y disciplina suficientes para asimilar nuevos movimientos de piernas o modificar levemente su empuñadura para dar más velocidad a la bola. Y evitar así tanto desgaste físico.

—Todo eso influye en nuestra decisión —explica Toni—. El mejor golpe que tenía era cuando llegaba apurado a una bola y convertía un golpe defensivo en un ataque. Ahora le cuesta más llegar y el rendimiento que saca es menor. Hay que cambiar. Pero no todo el juego, y no de una forma radical, sino progresivamente, poco a poco.

Y Rafael lo comprende. Como siempre. Son ya muchos años de convivencia con su tío para saber que él nunca se rinde, que su lógica es tan aplastante que logra convencer. Y Nadal ya se ha acostumbrado a ella.

—Mi tío es una persona muy especial, que piensa mucho, y que, si le escuchas, dice cosas que no son las habituales. Hay que hacerle caso —concluye Rafael, convencido.

Toni ha sido la pieza clave de toda su carrera profesional. Su padre, Sebastià, también, desde luego. Pero a nivel de tenis, todo se puso en manos de Toni desde el principio. Había un acuerdo tácito en la familia desde el mismo momento en que todos se dieron cuenta de que Rafael podía ser un buen tenista. «Yo me ocupo del tenis de Rafael y tú de nuestros negocios», acordaron Toni y Sebastià.

Y así lo hicieron. Pero todo se fue produciendo de una forma muy natural. «Muy simple y sin forzar nada», dice Toni. Por aquella época, él era profesor de tenis en el CT Manacor y sólo lanzarle las primeras bolas a Rafael creyó en su sobrino y se propuso enseñarle a jugar a tenis.

—No había que ser muy espabilado para darse cuenta de que podía convertirse en un buen jugador —relata Toni—. Tenía una habilidad natural para el deporte. Desde muy pequeño era un niño muy competitivo y estaba dispuesto a trabajar. La primera vez que vino a verme, le lancé una bola y me la devolvió de forma impecable, un golpe seco. Tenía una facilidad impresionante.

Ya entonces Rafael iba detrás de cualquier pelota que viese a su alcance. Sus tíos siempre jugaban con él y se lo llevaban a ver partidos; le encantaba el fútbol. Y cuando creció, se implicó de inmediato en los equipos de base del Olímpic de Manacor. Tenía once años cuando marcó más de cien goles en una sola temporada.

—Y eso no era nada fácil —dice su tío Miquel Àngel, ex jugador de la selección española de fútbol, del FC Barcelona y del Mallorca—. Yo creo que si se hubiera dedicado al fútbol, habría sido también un gran futbolista.

Pero no lo hizo. Creció compartiendo las raquetas de tenis con los balones de fútbol. A los tres años acudía a las pistas unas pocas horas a la semana porque le gustaba. A los cinco, ya era fijo tres veces por semana. A los siete, hacía ya algunas sesiones de entrenamiento de hora y media o más.

—Y todo sin forzarle, dejando que fuera él quien decidiera y buscando que disfrutara de los entrenamientos, que se divirtiera —recuerda Toni.

A Rafael no le costaba mucho.

—Algunas veces debía ir a las pistas y preguntarle a Toni si acababan ya de una vez —dice Sebastià con una sonrisa, lanzando a su hermano una mirada de complicidad.

Pero a Rafael le gustaba todo aquello. No era extraño encontrarle en el campo de fútbol cuando todos los demás ya se habían ido, practicando el lanzamiento de faltas o de saques de esquina porque quería hacerlos perfectos y algo no le salía.

—Nunca sufrió con todos aquellos entrenamientos; al contrario, disfrutaba —señala su padre.

Están sentados en la plaza principal de Manacor, donde la

familia Nadal vive en un edificio frente a la iglesia. Comparten aquella casa, cada hermano e incluso los padres tienen su propio piso. Y algo similar han conseguido en Porto Cristo, donde todos tienen casas frente al mar en la misma calle. Es evidente que se quieren, que forman una familia muy unida, que quieren compartir sus vivencias y su tiempo.

Sebastià, Rafael, Miquel Àngel, Toni y su hermana Marilén se mezclan unos con otros en varios negocios. Pero Sebastià y Toni son socios desde hace muchos años.

—Comenzamos comprando una empresa de cristalería que estaba casi arruinada y contaba con seis trabajadores —explica Toni—. Ahora funciona muy bien y tenemos más de cuarenta empleados. Sebastià no estaba decidido; pero yo le dije que, si se metía, a mí también me interesaba. Nos lanzamos. Y aquella inversión generó, más tarde, otras muchas. Sebastià es un hombre de negocios y yo no entiendo nada de estos temas. Él se ocupa de todo.

Este es el contexto familiar en el que ha crecido Rafael. Fue el primer nieto y el primer sobrino, y, desde su nacimiento, se convirtió en el juguete preferido de todos los hermanos.

—Ha sido más hijo de los Nadal que mío —se queja en broma Anna Maria, su madre.

Y a su lado, Sebastià admite que tiene parte de razón porque a él también le ha pasado algo parecido pero debido al tenis.

—Desde los once años, le perdimos. Empezó a viajar, a hacer una vida distinta, y dejó de venir con nosotros a esquiar, de vacaciones. Este ha sido el aspecto negativo de su triunfo. Nos hemos perdido una parte muy bonita del crecimiento normal de un niño —reconoce.

—No sé de nadie que se dedique a algo y no sacrifique cosas —le replica Toni a su hermano.

Todos sonríen. Entretanto, el camarero del bar de la planta baja de su edificio les sirve unos cafés. Rafael, el sobrino, acaba de llegar de su entrenamiento y se une a la tertulia. Por la plaza, que es peatonal, están los hijos de Toni y algunos sobrinos chillando, saltando y divirtiéndose. Todos acuden a saludar a Rafael.

Tenía prácticamente su edad, siete años, cuando Rafael comenzó a competir. A los ocho se convirtió en campeón de Baleares, categoría alevín (hasta doce años), y con once era ya campeón de España alevín.

—Lo que has hecho está muy bien, no es fácil —le decía su tío—. Pero para llegar arriba queda aún mucho trabajo por hacer.

Nadal asumía esos consejos como una esponja y nunca se dejó engañar por lo que había logrado. Así llegaron más títulos de España, de Europa y del mundo. Como el que logró con doce años de edad en Tarbes (Francia), considerado el campeonato del mundo oficioso en la categoría infantil y en cuyo palmarés se encuentran campeones de la talla del holandés Richard Krajicek, el estadounidense Michael Chang, Juan Carlos Ferrero, el francés Richard Gasquet y la suiza Martina Hingis, la rusa Anna Kournikova o la belga Kim Clijsters, entre otros.

—Entonces ya vi con claridad que las posibilidades de que Rafael se convirtiera en tenista profesional eran muchas —explica Toni—. Y se lo dije a mi hermano.

Había muchas cosas que dilucidar todavía. Sebastià no quería que su hijo abandonara los estudios, pero pensaba que debía tomar una decisión sobre si quería seguir a fondo con el tenis o si prefería jugar a fútbol. Las mismas circunstancias acabaron siendo determinantes.

—Le gustaba más el fútbol que el tenis —cuenta Sebastià—. Pero todos vimos que sus éxitos en tenis eran incomparables con los que conseguía en fútbol. Y le apremié para que se decidiera.

Coincidió, además, que su entrenador de fútbol exigía una dedicación completa y no permitía que practicara otros deportes.

—Y eso era imposible —agrega Toni.

Durante ese tiempo, Toni siempre había intentado combinar los partidos de tenis de su sobrino para que no interfirieran con los de fútbol. Pero en aquellos momentos, Rafael era ya campeón de Europa y de España infantil de tenis y le estaban poniendo problemas en el equipo de Manacor de fútbol. Así que a Rafael no le costó mucho tomar la decisión.

Y a Toni, aunque la decisión de su sobrino le afectaba de forma absoluta, tampoco. Fue entonces cuando, también de forma natural, se fue apartando cada vez más de sus negocios con Sebastià para ocuparse por completo del tenis de Rafael.

—Cubría todas sus necesidades —explica Toni—. Le entrenaba habitualmente, pero si había que ir a Palma al centro de tecnificación que dirigía Jofre Porta, o si había la posibilidad de entrenar con Carlos Moyà, también le acompañaba. Viajaba siempre con él.

Toni actuaba más como un tutor que como un entrenador. No se limitaba a enseñarle a jugar a tenis ni a las funciones propias de cualquier entrenador. Sobrepasaba estos límites porque era su tío y quería educarle como lo habría hecho con cualquiera de sus hijos. Así lo había estado haciendo desde el principio, con un nivel de exigencia notable, intentando perfeccionar cada golpe. «Si no sale, no podremos irnos a casa», le decía Toni a su sobrino. Y Rafael, obediente, se entregaba a tope.

La evolución de Nadal durante aquella época se hizo con mimo y cuidado. Todos eran conscientes de que a esa edad nada era tan vital o trascendente como para cambiar la vida de un niño. Toni y Sebastià intentaron siempre que Rafael siguiera siendo, ante todo, un niño normal; que creciera en su entorno, jugando con sus amigos, yendo a la escuela de siempre y estando con su familia. Incluso en su momento rechazaron una beca de la Federación Española para que fuese a entrenar a Barcelona cuando tenía trece años.

—Un día vinieron Avendaño y otro técnico de la federación para llevárselo al CAR de Sant Cugat. Estuvimos comiendo con ellos y con el padre de Tomeu Salvà que decidió aceptar la beca que le ofrecían pero nosotros lo descartamos —recuerda Sebastià. Luego cuando volvió a casa se lo comentó a Ana Maria que tampoco era partidaria de su marcha y ambos acordaron decirle que habían aceptado la oferta para ver cómo reaccionaba Rafael, al que tampoco le gustaba la idea de marcharse de Manacor.

—Lo cogí y le dije: «Rafael te tendrás que ir a Barcelona». Se lo decía muy serio, con cara de preocupación para que se lo creyera. Y él, disciplinado, nos respondió: «Vale, si pensáis que es necesario iré». Todos sabíamos que no quería ir, pero lo aceptaba si era para mejorar como tenista. Su cara se le iluminó de golpe cuando al rato le dijimos que había sido una broma.

A Toni le preocupaba que un cambio de vida así acabara afectándole como ya había visto que le había sucedido a muchos otros jugadores.

—Lo triste del deporte de hoy en día es que se comienza demasiado pequeño y que demasiado pronto todo el mundo es exigente con un niño que debe asimilar muchas cosas y demasiado rápido —valora.

—No entiendo a esos padres que a veces se acercan a mi tío para preguntarle por sus hijos —reflexiona Rafael—. Creen que ya tienen campeones y los tratan como si lo fueran. Y entonces pienso: «¡Por favor, señor!, ¡déjelos jugar y disfrutar!». Después, muchos de esos niños, por culpa de la presión y exigencias, acaban colgando la raqueta en lo más alto del armario de su cuarto. Yo, a su edad, no sentía ningún agobio; me lo pasaba en grande jugando, pero no se me pasaba por la cabeza que llegaría a ser profesional o a estar entre los cien mejores del mundo.

Ni Toni ni su familia han sobredimensionado nunca sus éxitos. Y esto ha ayudado a Rafael a tocar siempre con los pies en el suelo. Toni, por ejemplo, creyó que no era bueno que se marchara lejos de Manacor; que era él quien debía de estar a su lado para ayudarle y que, si había que forzarle y exigirle en los entrenamientos, prefería hacerlo él y no que lo hicieran otros.

—Algunas veces, cuando iba a entrenar, su actitud me «acojonaba» un poco —confiesa Rafael. Sin embargo, de inmediato reconoce—: Pero todo lo que hice entonces me hace ahora más fuerte.

Nadal no tiró nunca una raqueta contra el suelo. «Si lo hubiera hecho, mi tío me habría echado de la pista», ha explicado muchas veces. Tampoco nunca tuvo una mala palabra ni una expresión excesiva contra un rival. Siempre basó su comportamiento en la pista en el respeto hacia su adversario. Saltaba, gesticulaba al ganar puntos importantes, lanzaba su puño hacia el cielo, como ahora, pero no lo hacía dirigiéndose a sus rivales sino buscando la complicidad de los suyos. Y al final del partido, fuera cual fuera el resultado, su primera obligación era saludar al rival; algo que continúa haciendo ahora, bajo cualquier circunstancia.

—No entendería un gesto de mala educación —comenta su padre—. En París, cuando ganó el primer Roland Garros, me llamó la atención que me felicitasen por tener un hijo tan correcto, educado y humilde. Y yo les decía: perdonen, pero a mí me parece de lo más normal; lo anormal sería no ser así, ¿no? No le hubiéramos permitido ser de otra forma.

Hubo una etapa en la que Rafael prefería ir de pesca, al cine o salir a jugar con sus amigos antes que ir a entrenar. Toni le soltaba la cuerda y lo dejaba ir porque siempre ha querido que las decisiones las tomara él y supiera valorarlas en su justa medida. En esa época, perdía más partidos; entonces Toni le decía: «Tú eliges, o vas a ver el fútbol, a jugar con la *play station*, a pescar y duermes poco, o quieres ganar los partidos». Y Nadal rectificaba su comportamiento porque sabía que para mejorar había que sacrificarse. No fue el único que lo hizo.

—También yo sacrifiqué muchas horas de mi vida por Rafael. Y eso no se hace si no ves que tienes enfrente a un jugador con talento, con condiciones, y que está dispuesto a trabajar para asimilar lo que tú puedas enseñarle —reflexiona Toni, quien insiste en que su aportación al éxito de su sobrino es mínima. Y recalca—: Soy de los que creo que los entrenadores ayudan a los que tienen cualidades. No conozco a ningún entrenador que sea bueno si el jugador no lo es. Cuando crees que esto se da, entonces debes marcarte unos objetivos a corto, medio y largo plazo. Hay que sacrificarse y esforzarse mucho, invertir muchas horas en la pista, trabajando miles de veces en cada golpe hasta mecanizarlos. Y lograr intensidad en cada entrenamiento. No hubiera entendido de ninguna manera que Rafael no estuviera atento en un entrenamiento.

Toni Nadal se siente seguro de sí mismo. Lleva muchos años pensando en todas estas cosas. Sólo Miquel Àngel hace un guiño, pensando en que él, que llegó a ser también campeón infantil de Baleares, no pudo resistir la exigencia de su hermano cuando intentaba convertirse en tenista. Menudas palizas le daba en esa época.

—No puedes sentarte a esperar a que lleguen los títulos. Hay mucha gente con las condiciones de Rafael y para ser mejor que ellos yo le insistía que sólo había una solución: trabajar más que ellos. Pero no era yo quien debía imponerle todo esto a Rafael, sino que él comprendiera que si no lo hacía así nunca lograría ser bueno —prosigue Toni—. El éxito de verdad es ser feliz. Uno debe estar contento con lo que hace y no debe importarle el trabajo que le cuesta mejorar. La felicidad no está en los bienes materiales que se alcanzan, sino en conseguir que todo aquello por lo que has estado luchando llegue a su objetivo

Pronuncia estas palabras y los demás le escuchan. Para ellos no es nuevo. Es la filosofía de trabajo que Toni siempre ha aplicado con Rafael. Y resulta creíble no sólo por la convicción que utiliza al explicarla sino porque también se la aplica a sí mismo. Desde el primer momento, Toni le dejó claro a su hermano Sebastià que haría todo lo humanamente posible para que su hijo llegara hasta donde sus condiciones le permitieran en el mundo del tenis... pero sin perder ni un punto de su condición humana, sabiendo muy bien quién era y de dónde procedía. Y eso no fue todo.

—Yo no cobraré ni un duro —le dijo a su hermano. Y añadió—: Ya sé que Rafael puede ganar mucho dinero, pero no voy a cobrar porque para mí es casi un hijo y porque no lo necesito. Me has hecho ganar lo suficiente para que mi familia pueda vivir y sin yo hacer nada.

Todo quedó establecido de una forma muy simple: Toni tendría toda la responsabilidad respecto al tenis, y Sebastià se ocuparía de los asuntos comerciales: patrocinadores, contratos, además del negocio familiar.

—No sé ni el dinero que tengo —cuenta Rafael—. Nunca me he preocupado de eso. No quiere decir que no lo valore o lo desprecie, pero yo sé que si juego bien no tendré problemas económicos. De momento, con solo 20 años de edad, Nadal lleva acumulados en premios oficiales 8,5 millones de dólares.

Y para confirmar que el dinero es lo que menos le importa, agrega:

—Mira qué móvil tengo. Creo que es el peor móvil de todos los tenistas españoles. En el circuito muchos se ríen de mí cuando lo ven, pero hace su función y ya me sirve; puedo enviar mensajes y tener los teléfonos de mis amigos. No soy de los que necesita grandes cosas para ser feliz. Hay gente que es feliz levantándose por la mañana y tomándose una Coca-cola mirando el mar. Y eso cuesta un euro, ya me dirás. En cambio, hay otros que necesitan comprarse un Ferrari para ser felices. Yo no necesito el mejor móvil ni el mejor ordenador, no quiero grandes mansiones o avionetas particulares como algunos deportistas.

La primera vez que Rafael fue a entrenar con Moyà tenía catorce años. Aquel día fue una fiesta. Les llamó Joan Bosch, el entrenador y amigo personal de Moyà: «Tenemos un hueco; si os interesa, podemos hacer una sesión conjuntamente». Y les faltó tiempo para coger el coche y marcharse a Palma de Mallorca. Rafael estaba algo tenso al principio, pero Moyà le trató de una forma muy especial, como siempre ha hecho. Suele actuar con él como un guía, como una persona que conoce el contexto del tenis y que le va abriendo las puertas explicándole lo que hay detrás de cada una. Entrenaron bien y Rafael, incluso, le complicó un poco las cosas en una de las mangas que jugaron.

La historia se fue repitiendo cada vez con más intensidad. Un día, hablando distendidamente, Moyà le preguntó a Rafael si firmaría una carrera como la suya.

—He sido campeón en Roland Garros, finalista en el Open de Australia y en el Masters, campeón de la Copa Davis y número uno del mundo —comentó Moyà—. Tengo motivos para estar satisfecho con lo que he logrado. ¿Te bastaría eso?

A continuación, se quedó absolutamente sorprendido cuando Rafael le contestó que no.

—Todo esto que has conseguido es mucho —dijo Nadal—. Pero yo no firmo nada. Ganaré lo que pueda ganar con mi juego y eso me bastará.

Son amigos. Y hay un respeto enorme entre los dos y sus respectivas familias. Por eso, cuando en el 2003, después de alcanzar las finales en los *challengers* de Hamburgo, Cherbourg y Cagliari, y tras ganar el de Barletta entró en el cuadro grande del torneo de Montecarlo y ganó en la segunda ronda a Albert Costa —entonces séptimo jugador mundial— y en Hamburgo se impuso a Carlos Moyà —cuarto del mundo en aquellos momentos—, ninguno de los dos lo pasó bien.

—No ha sido una victoria que me haya gustado. Carlos no ha jugado bien y yo tampoco. No tiene ninguna lógica —dijo a la prensa al final de aquel partido.

No fueron los únicos a quienes no les sentó bien el resultado. La abuela de Rafael, Isabel, llamó inmediatamente a Toni
y le dijo: «No entiendo cómo *Rafalet* le ha podido hacer esto
a Carlos. Me gusta que gane y soy muy feliz, pero hoy no estoy nada contenta con esta victoria». Y Toni le respondió. «Yo
tampoco».

Pero aquellas dos fueron unas victorias muy importantes
porque constataron lo que todo el mundo imaginaba: que la
ascensión de Rafael era imparable. Fue entonces cuando su padre aceptó que dejara la escuela aunque no hubiera concluido
el bachillerato. Sólo un año antes se había negado a que dis-
putara el torneo júnior de Roland Garros, en el que hubiera
partido como favorito, porque le coincidía con los exámenes
de cuarto de ESO. Pero los planteamientos eran ya muy distintos.

La entrada en el circuito profesional le resultó sumamente
fácil. A los quince años ganó su primer partido en un torneo
ATP, en el torneo de Mallorca, ante el paraguayo Ramón Delgado. En sólo dos temporadas pasó del puesto 762 del mundo
al 48. Tras jugar en Montecarlo, Barcelona y Hamburgo, logró abrirse el acceso directo a todos los torneos del circuito y
del Grand Slam con sólo dieciséis años. Había que remontarse
a Chang, Becker, Wilander o Borg para recordar una precoci-
dad similar. Y justo cuando todo parecía a punto para su eclosión, se lesionó el codo y se quedó sin poder jugar en Roland
Garros y Wimbledon. Al año siguiente, en enero de 2004, se
presentó en el Open de Australia después de haber disputado
su primera final en el circuito, concretamente en Auckland,
instalado ya entre los cincuenta primeros jugadores del mundo
y con la vitola de ser la estrella más emergente, la mayor promesa del circuito.

Carlos Costa, su representante en IMG y que como tenista
profesional llegó a ser número 10 del mundo en 1992, le buscó
el mejor hotel, el *Crown*, en la ladera del río Yarra, con casino

propio y centro de la vida nocturna de Melbourne. Cuando Toni descubrió todo aquello, le comentó a Costa: «Rafael no puede ir a ese hotel. Ahí van las estrellas, los grandes jugadores, y él todavía no lo es. Búscanos algo más humilde, como corresponde a la categoría actual de Rafael». Fue una auténtica lección.

Al escuchar estos relatos, Sebastià, que ya los conocía, sonríe.

—Así es como me gusta que se eduque a Rafael —murmura para sí.

Está ensimismado, aislado de todos los demás, pensando en sus cosas; en las vivencias que ha tenido con Rafael, en cómo ha evolucionado toda su vida desde que su hijo se ha convertido ya en una estrella mediática, en un personaje conocido en el mundo entero. Él ha tenido que tomar decisiones importantes para asegurar el futuro de su hijo; aceptar o vetar las propuestas de Costa para jugar en tal torneo con fijos que sobrepasan lo inimaginable o dar el visto bueno para que Rafael se convierta en la imagen de tal o cual empresa. Las solicitudes son muchas y hay que discernir entre lo que le conviene y lo que no. Es el precio de la fama.

—La fama está muy bien y forma parte del show que rodea todo esto, pero no es buena. Obliga a compromisos. Te hace vivir en un mundo irreal y es perjudicial porque quita tiempo a la preparación —se queja Toni.

Por la cabeza de todos circula ahora la idea de que la eclosión de su sobrino podría haber creado una distorsión en el seno familiar. No es fácil asumir éxitos como los que ha conseguido el manacorí.

—Para nosotros, nada ha cambiado —comenta Sebastià—. Rafael es mi hijo y así seguirá. Da lo mismo que sea el segundo tenista mundial o el número doscientos. Le trato como siempre, como cuando no era un buen jugador, con las mismas prerrogativas que a su hermana Maribel. En casa es nuestro hijo, no el jugador de tenis. Cuando salimos a comer, nunca he dejado que pague nada. El padre de familia soy yo y creo que debe mantenerse el ascendente familiar que siempre ha existido entre padre e hijo. No, no; nuestra relación no ha cambiado. Lo sigo viendo como aquel *ninet* que venía por la calle, caminando con sus amigos. Entiendo que crecerá y que nuestra relación también madurará. Pero eso es lo normal.

El pasado verano, Rafael quería regalarle a su padre un Mercedes incluso mejor que el modelo SLK320 que ganó en el torneo de Stuttgart en 2005. Nunca se había preocupado de irlo a recoger y hacía un año que se lo guardaban en la fábrica. Entonces, en verano, pensó que había llegado el momento de comenzar a disfrutarlo y pensó que le gustaría comprar otro más grande para gratificar a su padre porque durante el invierno habían estado sufriendo juntos las penalidades de la lesión en su pie y habían pasado algunas vivencias amargas.

—No se atrevía a regalármelo porque pensaba que yo podía reaccionar mal y que se lo rechazaría —cuenta Sebastià—. Habló primero con su madre, y ella me lo dijo a mí; y me hizo comprender lo mucho que significaba para él poder regalarme ese coche. Y lo acepté, claro que lo acepté, a pesar de que yo nunca me habría comprado un coche así. Me da vergüenza pasearme por Manacor con este Mercedes; me incomoda, no me siento bien.

Rafael se acerca, no ha escuchado los comentarios de su padre. Se saludan, le da un beso, y hablan de la cena que esta noche han organizado y a la que también acudirán Toni, Carlos Costa, Francis Roig, su tío Miquel Àngel y Tomeu Salvà, con quien ganó el campeonato mundial en su época de cadetes y que le hizo de *sparring* en Shangai, que estos días ha venido a Manacor a entrenar con él y se aloja en su casa.

—Iremos a comer pescado —dice Sebastià.

Rafael asiente con la cabeza, habla con Costa y con Toni, y se va a dar una vuelta para regresar al cabo de un rato.

En la plaza de Manacor cada vez hay más ambiente. Los Nadal saludan a todo el mundo, son gente conocida. Y ahora aún más. Pero en este contexto, Rafael no es el segundo jugador mundial. Hay una admiración hacia él, pero pocas veces, muy pocas, le paran por la calle para pedirle autógrafos o fotografías. Allí sigue siendo el *Rafelet* de siempre, el chico al que le gusta coger la barca para salir a pescar, el que se reúne con sus amigos de toda la vida para dar una vuelta, hacer el aperitivo o ir a la discoteca, el que se cuelga la bolsa de golf a la espalda para jugar una partida con sus tíos en cualquier campo de la zona o el que se cita con su novia, Xisca, para dar un paseo, ir al cine o a cenar.

—Manacor es el mejor sitio del mundo, no lo cambiaría por nada —declara, convencido—. Vivo en casa con mis padres, cerca de mis tíos y mis abuelos, y así me siento unido a toda mi familia. Mi gran aspiración es comprarme una barca que esté bien para salir de pesca cuando me apetezca. Con eso soy feliz, no necesito mucho más.

Esta es la mentalidad que Rafael ha encontrado desde pequeño en su casa; una manera de hacer natural que le han inculcado Toni, sus otros tíos, su padre, Sebastià, y su abuelo Rafael.

Es evidente que Nadal tenía excelentes condiciones para convertirse en un gran jugador de tenis. El análisis de sus constantes en descanso y en esfuerzo lo constatan: su frecuencia cardíaca en reposo se sitúa en 60 pulsaciones por minuto, mientras que en el umbral anaeróbico alcanza las 180 y en el momento de máxima explosión física puede llegar a 201. En el test de Bosco —evaluación de la potencia anaeróbica—, muestra una capacidad de salto y un índice de fuerza superior al de la mayoría de tenistas. Se asemeja a las capacidades de los saltadores de longitud. Su consumo de oxígeno es de 72ml por minuto y por kilo, muy superior al de otros jugadores que no pasan de los 60 ml y cercano al de un ciclista o un atleta de fondo. Esto le permite seguir fuerte cuando otros están ya agotados.

—Tiene valores de los maratonianos y una base genética buenísima —explica el doctor Cotorro—. Es un auténtico portento de la naturaleza.

El doctor Cotorro es quien ha seguido su evolución física desde los quince años cuando le visitó por primera vez en el CAR de Sant Cugat, Barcelona, para someterse a la revisión que siguen todos los tenistas controlados por la Federación Española de Tenis. Entre 2002 y 2004 logró reducir su porcentaje de grasa y aumentar espectacularmente su base muscular. El cambio de su dieta fue fundamental en este sentido. Nadal estaba acostumbrado a comer de todo y era un obseso del chocolate; devoraba las chocolatinas y siempre llevaba alguna tableta en los bolsillos. Debido a sus hábitos alimenticios, cambiar la dieta fue una de las cosas que más le costó. Ahora consume más hidratos, más fruta y verdura, menos carne, y ha eliminado los embutidos, los fritos y las salsas.

—Todo esto ha sido indispensable para poder desarrollar el tipo de tenis que juega —afirma Toni.

No obstante, él es el primero en admitir haber tenido dudas en algunos momentos pensando si estaba haciendo lo correcto o forzaba demasiado la máquina.

—Nunca sabes cuál es el límite cuando tiras de la cuerda; pero para crear un deportista de alto nivel, hay que mezclar locura y sensatez. ¿Qué sentido tiene correr 50 kilómetros o levantar 120 kilos? Mirándolo fríamente, muy poco; porque estás dañando tu físico y no es bueno para la salud. Y en el caso del tenis, ¿qué sentido tiene pasar la bola por encima de una red y hacer de ello un objetivo en la vida? Me parece bestial la importancia que se le da. Es como si le diéramos relevancia a jugar al escondite y premiáramos con títulos y medallas a los mejores. El único sentido que le encuentro al deporte profesional es el de superar obstáculos. Y para eso, tal vez valga la pena tensar la cuerda —concluye Toni.

Nadie cuestiona estos principios. Todos los que están sentados en la improvisada tertulia en el centro de la plaza de Manacor saben el valor de lo que Rafael ha conseguido en el contexto del tenis. Pero aprecian también la calidad humana del personaje. Y están convencidos de que, en gran parte, este último valor se debe a las reflexiones que Toni y Sebastià le han ido inculcando; un comportamiento que le hace distinto al resto de jugadores. Y para corroborarlo, Carlos Costa recuerda una anécdota que vivió en Shangai el primer año en que fue Nadal.

—Estábamos en el hotel, tras una dura jornada de entrenamientos, y nos disponíamos a salir a cenar; pero Rafael iba todavía con los pantalones del chándal —explica Costa—. Queríamos ir a un restaurante bastante selecto y, como es lógico, se exigía cierta etiqueta; así que no podíamos ir vestidos de cualquier manera. Benito (Pérez Barbadillo) le dijo: «Teóricamente, no deberían dejarte entrar con esos pantalones; pero eres Rafael Nadal y no creo que te pongan problemas». Entonces, cuando casi ya nos íbamos, Toni detuvo a Rafael. «Yo creo que lo más correcto es que subas a cambiarte», le dijo con un tono de voz seco. Y lo hizo. Lo que yo me pregunto es cuántos tenistas hubieran hecho lo mismo. Y más aún, a cuántos alguien del entorno se hubiera atrevido a decirles aquello.

Surgen mil anécdotas. Durante los dos años que Rafael Nadal lleva en la cúspide de la elite mundial han ocurrido muchas cosas. En la pasada primavera, toda la familia Nadal decidió irse de vacaciones a Eurodisney en París. Rafael estaba con ellos. Desde el momento en que llegaron, tuvieron a varias personas de relaciones públicas pendientes de todo lo que hacían. No tuvieron que hacer colas en las atracciones y recibieron un trato realmente especial.

—Cuando estás arriba, todo te viene demasiado fácilmente —interviene Toni—. Te saltas las colas en Eurodisney, puedes ir a un restaurante de lujo en chándal, recibes todo tipo de atenciones... y eso no debería de ser así. Te llevan a un mundo irreal y te lo presentan como si fuera real. Pero Rafael sabe que las cosas no son de esta manera; que cuando el tenis se acabe, volverá a ser una persona normal, como el resto, y debe estar preparado para ese momento.

Por esta razón, Toni siempre le hace reflexionar. Como el día en que circulaba por en medio del campo de golf con su *boogey*, saltándose los caminos y sin ser recriminado por nadie. Su tío le llamó la atención:

—Hombre, Rafael, no hagas eso. Haz como todo el mundo. No debes considerarte especial y creer que lo puedes hacer todo. No entres en una dinámica equivocada. Serás más persona si haces lo que toca.

También ha sido Toni quien asumió toda la presión de lo que hacía Rafael cuando estaba en su etapa de formación con tal de evitar que su sobrino se agobiara.

—Algunos padres cometen el error de exigir demasiado a sus hijos en un momento en que estos deben asimilar muchas cosas. Siempre he evitado transmitirle preocupaciones; eso me tocaba a mí, él sólo tenía que divertirse y jugar.

Toni no oculta que hubo momentos de insatisfacción, de cansancio; instantes que Nadal sorteó con su enorme espíritu de superación.

—Naturalmente que a veces se rebotaba, como cualquiera —recuerda Toni, quien tuvo que escuchar más de una vez de boca de su madre Isabel que se pasaba con Rafael. «Sólo tiene diez años», le decía. Pero él replicaba que sólo a base de trabajo y esfuerzo se podía progresar. E insiste—: No hay más remedio que estirar y tensar, pero siempre dentro de una corrección porque al final esa presión es la que los hace mejor en la pista.

La ventaja de Nadal es que durante aquellos años no tuvo tiempo de temer por su futuro. Las cosas le fueron bien desde muy pequeño. A los ocho años ya ganaba títulos de Baleares ante chicos mayores, a los doce era campeón del mundo y a los dieciséis ya estaba entre los cien primeros del ranking mundial, dejando atrás a compañeros de su generación, como a su amigo Tomeu Salvà quien, aún ahora, a pesar de su excelente calidad como tenista, y como muchos otros, está disputando *challengers* y fases previas para ganarse un puesto entre los cien mejores del mundo.

Pero el éxito de Nadal no ha sido una cuestión de suerte. Toni no cree en este factor.

—Rafael ha sido un chico que se ha exigido mucho, que es muy fuerte mentalmente y que tiene una actitud de vida correcta para lograr sus objetivos —afirma Toni—. En este deporte, como en cualquier otra faceta de la vida, el trabajo y el sacrificio es lo que puede ayudarte a mejorar. No hay más secretos. Si luchas y te esfuerzas, al final te verás recompensado. La suerte te puede hacer ganar un punto, pero no un partido ni un torneo. Esto hay que tenerlo muy claro.

Y trabajar es lo que Rafael siempre ha hecho desde pequeño, sin quejarse. Este año no ha tenido vacaciones, sólo los días que estuvo en Eurodisney. «¿Vacaciones? Ya las hiciste los meses en que estabas lesionado», le respondió Toni hace unas semanas.

Desde que concluyó el Masters de Shangai, el plan de trabajo de Nadal ha sido intenso. Pero no hay quejas, no hay reproches. Al contrario.

—Es lo que tocaba. Me propuse divertirme incluso en los entrenamientos y lo he estado consiguiendo —explica Rafael—. Nos lo tomamos con calma, sin prisas, sabiendo que vamos a invertir todas las horas que sean necesarias. Practicamos un golpe, otro, hacemos saques, cientos de saques, y después jugamos algún set. Luego, paramos para hablar entre nosotros de cualquier tema y comentar cómo están yendo las cosas. Me siento a gusto haciendo todo esto. Y se que cada golpe que sale bien es producto del trabajo y del sacrificio. Me gusta hacer las cosas así.

Todos sonríen satisfechos. Están haciendo un buen trabajo, consiguiendo que Rafael se sienta cada vez más responsable de su propia formación y que sea capaz de aplicar las tesis de su tío.

Toni recuerda que, cuando a principios de 2006 Rafael se sentía inquieto porque debía defender los miles de puntos de la clasificación mundial acumulados el año anterior, tuvo que intervenir de nuevo con su lógica aplastante para quitarle aquellas preocupaciones de la cabeza.

—Tienes que ser feliz por lo que ya has conseguido. No puedes agobiarte pensando en lo que viene. No es posible que te haga infeliz ser el número dos del mundo. Es imposible. Lo que debes de sentirte es muy afortunado por haber podido vivir con sólo veinte años muchas experiencias a las que otros nunca podrán acceder.

Ahora, el concepto de trabajo sigue siendo el mismo de siempre: que Rafael sea el responsable de sus actos y que decida cuáles son las necesidades prioritarias en las que más hay que incidir.

—El deporte no es tan complejo como algunos pretenden hacernos creer —asegura Toni, recibiendo el consenso generalizado de los demás. Y añade—: A mí ya me perdonarán pero, por ejemplo, no creo que el trabajo de los psicólogos sea tan necesario como algunos aseguran. Lo entiendo en momentos muy puntuales. Pero si eres universitario y te suspenden, no hace falta buscar a expertos para que te digan lo que has hecho mal. En tenis es lo mismo. Una vez tuve un alumno que tiraba muchas bolas fuera y me preguntaba por qué. Mi respuesta fue: «No busques excusas, es que no sabes más; y para aprender, no hay otra solución que trabajar más».

Así de claro y lógico.

Toni piensa que a la juventud actual se le da todo con demasiada facilidad y esto no ayuda a su formación como persona.

—Vivimos en un mundo en el que todos quieren tenerlo

todo al momento, que no cueste conseguir las cosas y que te diviertas siempre. Pero esto no es así. Nos engañamos. Para que las cosas salgan bien, hay que trabajar, sacrificarse y equivocarse muchas veces. Una persona es feliz cuando se esfuerza, cuando ve que su sacrificio le permite superar las dificultades. O al menos, así lo veo yo.

—Eres un dictador —bromea Sebastià, recordando que su hermano Miquel Àngel, quien llegó a ser campeón de Baleares a los catorce años, prefirió dejarlo—. Miquel Àngel abandonó el tenis y se hizo futbolista para no aguantarte —le suelta, y todos se ríen.

Están en familia, reunidos en el bar de la plaza de Manacor, y se sienten satisfechos de cómo han ido al final las cosas durante la temporada a pesar de que no pintaban nada fácil. Y por esa razón, son conscientes de que los próximos años seguirán siendo duros y difíciles. Rafael ha iniciado el último cambio y debe habituarse a él. Las reflexiones de Toni son contundentes.

—Tú fíjate —le comenta a Rafael—, mira a Sampras o Graf. Cuando Pete Sampras ganó su primer Open de Estados Unidos en 1990 jugaba con una frescura impresionante. Lo pegaba todo desde el fondo. Su drive plano era una bomba. Y cuando cerró su carrera con su última victoria en el open americano en 2002, seguía haciendo lo mismo. Nunca se acomodó, nunca cambió su estilo, mantuvo su agresividad. Y lo mismo ocurrió con Steffi Graf. Otros jugadores, como Mats Wilander, descubrieron que no podían ser defensivos durante toda su carrera y supieron evolucionar. Y tú también debes hacerlo.

El trabajo se ha centrado estos días en la mejora del saque y del drive. Y Rafael se ha aplicado en ello. El problema es comprobar hasta qué punto tendrá asimilados todos estos cambios tanto en su juego como en su mentalidad. Debe mantener una actitud más atacante y recuperar toda la frescura que tenía su juego cuando entró en el circuito profesional.

—Entonces lo hacía, jugaba más agresivo que ahora —explica Toni—. Y debemos conseguir que vuelva a hacerlo. Pero mecanizar todo esto no es nada fácil. Lo más probable es que, si los partidos se le complican, vuelva a sus esquemas clásicos porque se siente más seguro en ellos. Sin embargo, con el tiempo, lo irá aplicando. Y, aunque asumimos los riesgos, pienso que su tenis mejorará —asegura.

Está convencido, y como ejemplo pone la confesión que le hizo José Higueras —ex tenista y uno de los mejores entrenadores del mundo— en el pasado Open de Estados Unidos, al comentar los cambios que estaba realizando Rafael Nadal en su juego. «Una vez le pregunté a Rod Laver —dos veces ganador del Grand Slam— cómo podía conseguir que Jim Courier —doble campeón de Roland Garros y del Open de Australia— subiera más a la red. Y Laver me respondió: «Que suba con las bolas que le gusten... pero que le guste alguna». Con Rafael debe ser lo mismo, que vaya utilizando los cambios cuando se sienta cómodo hasta convertirlos en su juego», le comentó Higueras.

Suena un teléfono móvil. Lo coge Toni. Le recuerdan un compromiso para acudir a un programa de la televisión local el domingo por la noche.

—Rafael todavía no lo sabe, me matará —confiesa el técnico.

Es lo habitual. Durante la última semana, con la proximidad de las navidades, Rafael ha asistido a un acto organizado por una fundación de ayuda a discapacitados, a otro para colonias Puig —uno de sus patrocinadores—, ha visitado diversas ONG locales, y le ha llamado el Gobierno Balear para que asista a la celebración del décimo aniversario de la Escuela Balear de Deportes. Le han solicitado la asistencia a cientos de fiestas y ha tenido que decir que no muchas veces, más de las que le habría gustado, porque Nadal es muy profesional y entiende todo esto como una parte importante de su trabajo como tenista profesional.

—Compaginar todo eso es difícil y hay que ir con cuidado porque complica su preparación —recalca Toni.

Los compromisos se multiplican en todos los torneos a los que acude. Hasta el punto de que, Carlos Costa y Benito Pérez Barbadillo, que la próxima temporada deja la ATP para ser su jefe de prensa personal, han asumido las funciones de coordinar todas las solicitudes que le llegan a Nadal, apartando así a Toni un poco de esta tarea. Actúan como una coraza de protección y, en muchas ocasiones, han negado entrevistas o la presencia del jugador en actos determinados incluso en contra del criterio del propio Nadal. Los dos son conscientes de que hay que cortar por algún lugar. Este año la agenda de Nadal en cualquier torneo que jugaba era impresionante, le faltaban horas para cumplir con todos los compromisos y peticiones. Todo esto contribuye a que la imagen de Rafael esté cambiando. Pero el entorno lo asume, pensando que es la única forma de salvaguardar el trabajo cotidiano.

—Muchas cosas han cambiado en estos últimos años —reconoce Toni. Y al escuchar estas palabras, todos los demás asienten con la cabeza—. Hemos mantenido hasta este mismo año los niveles de disciplina, comportamiento, educación y exigencia. Pero ahora Rafael ya vuela solo. Tal vez yo ya no pueda aportarle mucho más y sea necesario buscar el consejo de otros entrenadores. Sin embargo, creo que los mimbres son sólidos, que Rafael sabe que su familia seguiremos siempre ahí, a su lado. Y no creo que nada sea capaz de cambiar su personalidad.

Y Sebastià añade:

—A medida que Rafael vaya creciendo, las relaciones con él se irán modificando. Él debe crear su propia familia, tener su propia casa, vivir su propia vida. Supongo que con el tiempo Toni se irá quedando más en casa o incluso puede que se canse de todo eso. Es lógico. Además Rafael ya no tiene la necesidad de tener encima suyo una persona al cien por cien, ya no la necesita y Toni no es un entrenador de tenis, sino el entrenador de Rafael. Pero nosotros siempre estaremos ahí, a su lado, intentando darle todo lo que necesite.

Rafael escucha estas últimas declaraciones de intenciones de Toni y de su padre. Se siente orgulloso de ellos y de toda su familia. Y entiende que todo lo que ha conseguido hasta ahora no habría sido posible sin la aportación de ellos dos, de su madre, de su hermana, de sus otros tíos, de sus abuelos e incluso de sus abuelos maternos, Pedro y Catalina, que siempre mantuvieron una discreción admirable. Cree que, entre todos, han hecho una buena labor. Y asume que le queda por delante un futuro de trabajo, pero también de éxitos y de títulos que deben ir engordando su ya nutrido palmarés. Se siente con capacidad para iniciar su propio vuelo. Puede hacerlo. Pero no quiere, al menos por ahora.

Los ojos se le nublan un poco cuando, dándole un golpecito en la espalda, le dice a Toni:

—No te hagas ilusiones. No te doy vacaciones. Seguiremos los dos juntos durante muchos años. No entendería nada de todo esto si tú te quedaras en casa.

Hace frío en Manacor. Todo el grupo se pone la chaqueta y se dirige a los coches para irse hacia la playa a cenar. El año ha concluido. Los objetivos se han cumplido. Pero el futuro no ha hecho más que empezar. El horizonte está abierto. Y Rafael Nadal lo vislumbra con serenidad, ilusión y un renovado optimismo. Sabe que su fuerza reside en el hecho de que siempre estarán todos juntos.

EPÍLOGO

EL AÑO MÁGICO DE UN NÚMERO UNO

> *Ganar todo lo que he ganado este año es increíble, una animalada, pero vencer en Wimbledon ha sido algo muy especial que quedará para toda mi vida. Un sueño que tenía desde pequeño hecho realidad.*

> RAFAEL NADAL

El sol comienza a reflejarse en la superficie de un mar calmado, cuando Rafael Nadal se despierta perezosamente de la cama. Es un día cualquiera de diciembre de 2008, se acerca la Navidad y toda la familia se reunirá de nuevo entorno a los abuelos en la casa que poseen en el centro de Manacor. La tarde anterior, cuando el frío todavía no se hacía insoportable, Sebastià y Toni Nadal, se sentaron un buen rato en una de las mesas de la terraza del bar Palau, en la plaza de la iglesia, hablando de sus negocios y del futuro del nuevo número uno del mundo. A la tertulia se unieron también su otro hermano Miquel Àngel y el propio Rafael, que se sentó por unos minutos, mientras esperaba la llegada de su novia Xisca para ir a dar una vuelta y cenar juntos. En la reunión se habla de los próximos proyectos, entre ellos, la fundación que lleva su nombre. En otra época Nadal dejaba esos temas para los mayores. Prefería jugar al tenis, entrenarse y disfrutar del tiempo libre con los amigos. Ahora se siente más implicado y comprometido.

Ha madurado. Le gusta dar su opinión y participar en algo que un día, cuando se retire de las pistas, será su futuro: la Fundación Rafa Nadal. Él propuso a su madre Ana Maria para que fuera la presidenta de un proyecto cuyo fin es la asistencia social para los colectivos más desfavorecidos, especialmente en la infancia y la juventud así como la integración de las personas con discapacidad. «Soy una persona privilegiada y quería aportar mi grano de arena. Esta fundación es el principio de mi futuro» explicó cuando se presentó a la prensa.

Esta mañana, sin embargo, Rafael la dedicará a una de sus aficiones preferidas: pescar. Se ducha tranquilamente, sin prisas. Le encantan estos momentos de relax cuando está en casa. Toma un desayuno ligero. Siempre le ha costado comer mucho cuando se levanta. Se prepara una gran taza de leche con Cola-Cao y unas cuantas quelitas, unas galletas típicas de Mallorca, hechas con harina de trigo, aceite de oliva y de girasol, levadura y sal marina, que devora a todas horas.

—Te ayudarán a crecer y te harán muy fuerte— le decía siempre su abuela materna Catalina de pequeño cuando le preparaba el desayuno y untaba las quelitas con sobrasada o queso.

Rafa lo recuerda y sonríe mirándose al espejo del baño. ¡Cuanto ha cambiado su cuerpo! Años atrás se veía delgado, bajito, casi enclenque y ahora se mira y se siente orgulloso. Observa su melena, el torso moreno curtido por el sol, la vena que se marca sobre el bíceps de su poderoso brazo izquierdo y esas chocolatinas montadas una sobre la otra, asimétricas y perfectas, que van desde el ombligo hasta el pecho, marcando la musculatura, como si fuese la coraza de un guerrero de la antigua Grecia. No tiene ni un gramo de grasa.

—Lo que han conseguido las quelitas de la abuela—piensa y sonríe ante el espejo mientras le guiña un ojo a su otro yo que se refleja en el cristal y parece observarle en silencio con sus grandes ojos marrones.

—¡Vamos Nadale, vamos!—, dice lanzando su grito de guerra en el silencio de la casa.

Es feliz. Elige del armario sus cañas preferidas y cuidadas con el mismo mimo que trata a sus raquetas y se marcha hacia el puerto. Allí le esperan sus amigos Manolo y Sergio. Suben a la barca y encaran el Mediterráneo. Hace un día perfecto, tranquilo, despejado y por la temperatura nadie diría que es diciembre. Sentado en la parte trasera de la barca, mientras sus compañeros charlan alegremente y controlan el rumbo hacia La Rápita, la zona que han elegido para pescar, Rafael Nadal está pensativo. Relajado con el movimiento del mar tiene tiempo de recordar el año mágico que acaba de culminar. De una tacada ha encadenado éxito tras éxito. Ha ganado Roland Garros por cuarta vez consecutiva igualando al mítico Bjorn Borg, se ha coronado campeón de Wimbledon 42 años después de que lo consiguiera por primera vez Manuel Santana. En Pekín se ha convertido en el primer tenista español en ganar una medalla de oro en los JJOO y ese día se ha convertido matemáticamente en el número uno del mundo destronando al rey Roger Federer tras cuatro años de persecución incansable. Mejor imposible.

Una temporada tan perfecta como agotadora y que ha pagado al final del año con una tendinitis en la rodilla derecha que le obligó a renunciar a la Copa Masters en Shanghái y a la final de la Copa Davis que España ganó a Argentina. A pesar de eso las dudas que le habían rondado y agobiado cuando en el 2005 una lesión en la planta del pie izquierdo le llevó a pensar que tal vez no podría seguir jugando al tenis han desaparecido. Tres años después ya sabe que deberá convivir con ese problema, su Talón de Aquiles. La exigencia y la dureza del tenis actual no le ayudan a preservar su condición física. Nadal se ha quejado públicamente de que se juegue tanto sobre superficies duras. «Lo estamos pagando todos y nadie quiere darse cuenta ni tomar medidas», ha repetido mil veces. Es consciente que por culpa de todo eso su carrera deportiva se puede acortar pero se siente tranquilo porque ya ha conseguido mucho más de lo que podía imaginar nunca. Su carrera deportiva está a salvo pase lo que pase en el futuro.

Su amigo Sergio lo ve pensativo y le recuerda las alegrías que les ha dado a todos con sus triunfos.

—Has tenido un año genial, pero si tuvieras que elegir una sola victoria ¿Con cuál te quedarías?, le pregunta.

—Ganar todo lo que he ganado este año es increíble, una animalada, pero vencer en Wimbledon ha sido algo muy especial que quedará para toda mi vida. Un sueño que tenía desde pequeño hecho realidad. Es lo más grande que podía ocurrirme. No lo cambiaría por ninguna otra victoria.

—¿Por qué? Le preguntan.

—Allí la gente vive el tenis de manera distinta al resto del mundo. En Wimbledon lo importante no son los tenistas, sino el juego. Me encanta eso de la tradición, unas normas que parecen algo estúpidas, la lluvia, jugar sobre hierba, todo lo que hace este torneo tan distinto de los demás—explica a sus amigos.

Y mientras se lo cuenta, de pronto, le sacude el recuerdo de las lágrimas que no pudo contener en la final de 2007 cuando perdió contra Federer por segunda vez consecutiva y en cinco sets por 7-6 (9-7), 4-6, 7-6 (7-3), 2-6 y 6-2. Dos centímetros le separaron posiblemente de la victoria ese día cuando con 2-2 en la quinta manga tuvo de dos bolas de rotura (15-40) y en la segunda, la más clara, su derecha salió fuera de la línea mientras Federer, ya superado, giraba la cabeza para ver el bote de la bola y suspiraba al verla caer fuera. ¡Ooooooh! Se escuchó en la central de Wimbledon abierta a los cuatro vientos por las obras que se estaban realizando para cubrirla con un techo corredizo que Nadal tendrá el honor de inaugurar como campeón en el 2009, aunque en ese momento él no lo sabía. Al contrario.

—Creí que había dejado escapar mi última oportunidad. No estaba seguro de que pudiera volver a disputar otra final. Y había tenido la victoria en la mano.

Rafael frunce el ceño y arquea su ceja izquierda como hace instintivamente en las ruedas de prensa cuando le preguntan algo que no le gusta y debe poner atención para responder. Y ahora, mientras observa la inmensidad de aquel mar azul chispeante por el reflejo del sol en las crestas de algunas pequeñas olas, sus planteamientos no navegan entre la tormenta de las dudas, sino hacia las ilusiones de un futuro deportivo que puede convertirle en uno de los mejores tenistas de la historia. A sus 22 años es el tenista más joven de la historia en haber ganado cinco Grand Slams junto a Borg.

Le quedan algunos días de descanso y no quiere desaprovecharlos. Intentará vivirlos intensamente con sus amigos, su novia y su familia. Sin ellos no podría vivir. Se sentiría el hombre más infeliz del mundo aunque Wimbledon figure en su palmarés, tenga una medalla de oro y sea el número uno. Ellos le dan fuerzas para seguir adelante en los momentos difíciles de la temporada. Quiere cargar las pilas, comenzar el año con la mochila repleta de ilusiones. Se concentra en la pesca. Coloca el cebo en el anzuelo con cuidado y lanza la caña al vuelo con fuerza y precisión hacia la zona elegida. Ahora solo toca esperar pacientemente a que piquen...¡Nada! Recoge la caña y vuelve a intentarlo. Tampoco. No hay suerte. Lanza una tercera vez. Calma. Y al final, un tirón pequeño, otro y otro más....

—¡Ya es mío!, ¡Vamos!—, grita.

Comienza a tensar el hilo mientras lo recoge con suavidad, el pez aún ofrece resistencia. Pero al final aparece en la superficie brillando y moviendo la cola un raó, un sabroso pescado típico de la zona. Es el primero pero no será el último del día. Hoy la abuela tendrá trabajo en la cocina.

Anteayer pasó la Navidad en casa de sus abuelos Isabel y Rafael y al día siguiente celebró Sant Esteve en la de sus otros abuelos, Catalina y Pedro, una tradición que se repite año tras año. Esas fechas son entrañables y mágicas para Rafael. No hace tanto tiempo recuerda que se subía a la silla del comedor y olvidándose de su timidez recitaba un poema o cantaba una nadala (canción típica de Navidad) que había aprendido en la escuela mientras toda la familia le escuchaba y le aplaudía. Ahora los que se suben a las sillas son sus primos pequeños y Nadal les anima y los felicita como hacían con él, mientras sus abuelos Isabel y Rafael se miran orgullosos viendo felices a sus cinco hijos con sus parejas y a los 13 nietos que revolotean en la casa que tienen en Porto Cristo.

Esta también es una época para la reflexión y que le permite recuperar las emociones pasadas en el que ha sido el mejor año de su vida. 2008 marcará un antes y un después en su carrera profesional. Ahora, solo en su habitación y mientras escucha música de La Oreja de Van Gogh, uno de sus grupos preferidos, los recuerdos fluyen por su cabeza de forma incontenible. ¿Cómo lo ha conseguido? Se siente un ser privilegiado aunque también se lo ha ganado a pulso. No ha sido fácil. Después de alcanzar el número dos del mundo en el 2005 no se conformó con eso aunque Federer parecía inalcanzable. Nadal se ha pasado 154 semanas luchando para mejorar y conseguir su sueño. Otros habrían desistido. Pero él ha seguido trabajando y sacrificándose como siempre le pide Toni. Había que mejorar sus golpes, ser más agresivo en la pista y recuperar la frescura y valentía que tenía cuando comenzó a jugar en el circuito.

—No puedes apoltronarte—, le aconsejó entonces su tío— Necesitas desgastarte menos y para eso debes ser más ofensivo, dominar el punto y mejorar el saque, tu revés y la volea.

No se trataba de cambios sustanciales, pero obligaban a Rafael a variar la empuñadura, a abrir un poco más la cara de la raqueta al golpear su drive para conseguir adelantarse a la bola, darle más velocidad y ser más decisivo con ese golpe. En el saque, la cuestión era modificar un poco la posición, el movimiento de los pies y del hombro para que el impacto tuviera una mayor repercusión en la bola y pudiera alcanzar los 200 kilómetros por hora de velocidad como sus rivales. Toni quería ganar puntos extras, acortar los partidos, no hacer tanto esfuerzo. Se machacó horas y horas para consolidar ese juego pero luego en la pista le costaba asimilarlo.

«No funciona, no siento la bola» le decía desesperado a Toni después de ser eliminado en octavos de final del Abierto de Australia del 2006 por el chileno Fernando González. Una derrota decepcionante porque se sintió impotente de contrarrestar la agresividad de su rival que aprovechó las dudas de Nadal y también sus problemas físicos en los abductores después de haberse desgastado en un durísimo partido a cinco sets con el escocés Andy Murray.

Y en el vuelo de regreso a Mallorca, su tío afrontó el problema.

—Mira Rafael, olvídate de los problemas físicos, las cosas no han salido como queríamos. En los momentos importantes no aplicas los cambios que hemos estado trabajando y lo que más necesita un tenista es confianza en su juego. Has perdido control con la derecha y las veces que sacabas a más de 200 km/h y te restaban muy fácil, la pelota te llegaba demasiado rápido y te faltaba tiempo incluso para poder preparar bien tu golpe de ataque. Te has convertido en un jugador más vulnerable.

Toni le sugirió volver a los esquemas de juego anteriores para recuperar la confianza y poco a poco tratar de consolidar los cambios de forma progresiva. Un paso atrás para poder dar después dos adelante. Algo había fallado y por eso, por el bien de su sobrino, se planteó la posibilidad de buscar ayuda externa. Y le ofreció la posibilidad de trabajar con José Higueras como apoyo técnico. Rafael rechazó de plano esta opción. «No lo creo necesario. Sé que debo recuperar la confianza pero eso sólo lo puedo hacer contigo, con nadie más», le respondió a Toni.

Ahora, dos años después, el problema está resuelto. Nadal juega más sobre la línea, su revés cruzado se ha convertido en una pesadilla para los rivales y con el saque ya gana esos puntos extras que tanto buscaba. Se siente mejor jugador y ha conseguido convertir en realidad aquello que su tío le había repetido tantas veces: «No puede ser que siendo el número dos del mundo, estés corriendo más que el número 40». El sacrificio y el trabajo de los entrenamientos se ven ahora en la pista. Y no ha sido fácil. Incluso al principio de esa mágica temporada del 2008 viendo que las cosas no le salían en los primeros meses su cabeza comenzó a albergar dudas hasta producirle un exceso de ansiedad.

Así perdió la final de Chennai (India) ante el ruso Mijail Youzhny al que solo pudo ganarle un juego (6-1, 6-0). Después cayó ante el francés Jo-Wilfred Tsonga en las semifinales del Open de Australia (6-2, 6-3, 6-2). El italiano Andreas Seppi le venció en segunda ronda en Rotterdam (3-6, 6-3, 6-4) y el estadounidense Andy Roddick en los cuartos de final de Dubai (7-6 (5), 6-2).

—Es un problema de actitud—, le reprochaba entonces su tío Toni.

Con esa inseguridad llegó al mes de marzo. Las cosas no pintaban bien hasta que en los octavos de final de Indian Wells se produjo el cambio. Por primera vez en 2008 fue capaz de remontar un partido que se le había puesto cuesta arriba ante Tsonga al que se impuso por 6-7 (3-7), 7-6 (7-5) y 7-5) y luego lo repitió en cuartos ante el estadounidense James Blake, un rival que siempre se le había atragantado, al que ganó por 3-6, 6-3 y 6-1). Y no importó que perdiera frente al serbio Novak Djokovic en las semifinales por 6-3 y 6-2.

—Para mí, lo más importante es que tu mentalidad ha cambiado —le felicitó Toni después de ganar a Tsonga—. Has recuperado tu espíritu, has luchado y has sabido sufrir en la pista. Ahora te veo a punto para afrontar con garantías el resto de la temporada.

Era el mejor momento para iniciar la recuperación porque estaba a punto de llegar la temporada de tierra batida. Y no podía fallar. Toni no se equivocaba. En Montecarlo ganó el primer título del año al vencer a Federer en la final por 7-5 y, 7-5. Una semana después derrotó a David Ferrer en Barcelona por 6-1, 4-6 y 6-1. Su único traspiés se produjo en Roma cuando fue eliminado en la segunda ronda por Juan Carlos Ferrero. Una derrota en la que tuvo mucho que ver unas ampollas que le salieron en los pies y le impedían correr. Ahora sí, por fin se sentía seguro y confiado para afrontar la hora de la verdad. En Hamburgo confirmó sus expectativas ganando a Murray, Moyà y Djokovic. Este último le habría superado en el segundo puesto de la clasificación mundial si le hubiese ganado en semifinales. Nadal no lo permitió. Al contrario. Marcó su territorio ganándole por 7-5, 2-6 y 6-2, en uno de sus mejores partidos del año. El número 2 estaba a salvo y Federer le esperaba en la final otra vez.

¡Uf! —suspira tendido en su cama en Manacor mientras sigue reflexionando sobre sus vivencias pasadas.

Sus pensamientos vuelan a la pista central del Rothenbaum Club de Hamburgo, en el 2007, un año que recuerda especialmente porque fue en ese escenario donde Federer cortó su extraordinaria racha de victorias consecutivas en tierra batida que ha quedado como récord con 81 partidos ganados y haber ganado 13 torneos consecutivos, encadenado un triplete histórico al conquistar durante ese tiempo tres veces seguidas el título en Montecarlo, Barcelona, Roma y Roland Garros. Una proeza única a la que Federer puso fin ganándole en la final del torneo alemán por 6-2, 2-6 y 6-0. Y ni el rosco del tercer set que le endosó el suizo le amargó la felicidad y el orgullo de haberse mantenido imbatido en tierra desde abril del 2005 cuando había perdido por última vez en tierra contra el ruso Igor Andreev en Valencia. Por eso le pidió a Benito Pérez Barbadillo, su jefe de prensa, que le consiguiera la camiseta de Federer. Quería aquel recuerdo, quería que el número uno se la firmara y le escribiera algo. Y lo hizo. Le puso la cifra 81 con grandes números y le añadió: «felicidades por un récord tan increíble como inalcanzable, Roger».

Cuando Benito volvió al vestuario sonriente con una camiseta nueva y bien planchada se encontró con una respuesta inesperada.

—¡Esa no, tío!. Quiero una de las que ha utilizado hoy en la final—le dijo Nadal.

Federer no pudo ocultar su sorpresa al ver que Benito volvía y le pedía una de las camisetas usadas que aún estaban sobre el banco de los vestuarios. Roger no tuvo inconveniente en escribir otra vez la misma felicitación sobre la camiseta empapada en sudor y que Nadal guarda como un tesoro especial en el pequeño museo de trofeos de su casa de Manacor.

En el 2008 el torneo de Hamburgo también fue especial pero muy diferente para Nadal. En la final volvió a cruzarse con Federer pero en esta ocasión se tomó la revancha del año anterior y le ganó por 7-5, 6-7 (3-7) y 6-3 inscribiendo por primera vez su nombre en el palmarés del torneo alemán, uno de los pocos de tierra que le faltaban en su colección.

Un excelente presagio para Roland Garros que iba a empezar 10 días después. Sigue rememorando. Ahí están las imágenes imborrables de su cuarta corona parisina, la que le sitúa en otra órbita al mismo nivel de Borg, con cuatro títulos consecutivos y la puerta abierta de par en par para batir al legendario tenista sueco en el 2009 si logra su quinta victoria.

—Jugué mi mejor tenis—, se dice. Y es cierto. Nunca se le había visto tan fuerte en París. Ganó todos sus partidos con una solvencia increíble, con una seguridad en sí mismo que destrozaba a sus rivales. Su progresión fue impresionante. Uno tras otro cayeron Thomaz Bellucci (7-5, 6-3, 6-1), Nicolas Devilder (6-4, 6-0, 6-1), Jarkko Nieminen (6-1, 6-3, 6-1), Fernando Verdasco (6-1, 6-0, 6-2), Nicolás Almagro (6-1, 6-1, 6-1) y en semifinales Novak Djovokic al que se impuso por 6-4, 6-2 y 7-6 (7-3). Llegó a la final sin haber perdido un set y con la rendida admiración de sus rivales. «Rafa podrá ganar Roland Garros tantas veces como quiera» valoraba su amigo Almagro. «Nadal es perfecto en esta superficie. Cada día juega mejor» admitía Djokovic. Solo Federer quería demostrar lo contrario. Por tercera vez iba a retarle en la final dispuesto a intentar ganarlo. Y esta temporada, para conseguirlo, el tenista suizo había fichado como colaborador a José Higueras, el hombre que había hecho campeón en Roland Garros a los estadounidenses Michael Chang y Jim Courier.

De poco le sirvió esa ayuda extra a Federer. El suizo no pudo impedir que Nadal mordiera por cuarta vez y que siguiera sin conocer la derrota después de 28 partidos en ese escenario en el que debutó en el 2005. La final no tuvo color. Federer jugó tenso desde el principio y sólo pudo ganarle cuatro juegos. Nadal se impuso por 6-1, 6-3 y 6-0. Le devolvió el rosco de Hamburgo, el primero que encajaba Federer en los 172 partidos de Grand Slam que llevaba disputados hasta entonces en su carrera. La paliza fue tal que cuando Nadal pegó su último golpe y notaba que toda la adrenalina le iba subiendo por el cuerpo, se retuvo en la celebración de la victoria, consciente de la humillación que estaba sufriendo su contrincante, el número uno del mundo. Esta vez no se tiró al suelo como las otras ocasiones. Sintió que debía respetar a Federer aunque el corazón le latía a mil por hora por lo que había conseguido. «Has sido el más fuerte», le reconoció Federer.

Ya en el vestuario la celebración fue más sentida. Rafael se abrazó a sus padres, a su tío Toni, a Carlos Costa, su manager, a Rafa Maymó, su inseparable cuidador.

—Me ha salido un partido perfecto. No imaginaba poder jugar tan bien—, les dijo emocionado.

La fiesta seguiría por la noche en una cena con los amigos y familiares que acabó en una conocida discoteca.

Esta vez no hubo celebración en la embajada española de París como es habitual. Nadal no quería ver al presidente de la Federación Española de Tenis, Pedro Muñoz, con quien no se habla desde que se enfrentó a él y al resto de tenistas españoles por la elección de Madrid como sede de la semifinal de la Copa Davis, incumpliendo la promesa que les hizo tras ganar a Alemania en los cuartos de final de que tendría en cuenta sus preferencias para decidir la mejor pista para enfrentarse a Estados Unidos. La altura de la capital de España a 600 metros sobre el nivel del mar no favorecía al equipo pero Muñoz impuso su decisión. No solo eso, sino que en las discusiones con los jugadores les envió mensajes ofensivos a través del móvil provocando un cisma en el tenis español.

No es la única batalla que Nadal mantiene fuera de la pista. También se ha mostrado crítico con los responsables de la ATP por el cambio del calendario del circuito profesional que preparan para el 2009 que perjudica a los jugadores y complica aún más la temporada europea de tierra. Federer y él se han unido para mostrar sus quejas y reivindicar soluciones.

Nadal ya no es aquel joven tímido que con 16 años apareció en el circuito. Y de eso hablan en el restaurante de París Ana Maria y Sebastià, sus padres.

—Rafael se nos ha hecho mayor sin darnos cuenta. Cuánto ha cambiado y en muy poco tiempo ¿verdad?— comenta orgullosa su madre.

—Es ley de vida. Aún me acuerdo de la primera vez que ganó Roland Garros. Era un torbellino, no paraba de moverse. Era un auténtico niño. Y ahora míralo. Parece otro. Ha madurado. Está más tranquilo. Es más ordenado. Es todo un hombre— responde Sebastià a su mujer, asumiendo una transformación que les hace sentir cierta añoranza. Ambos saben que Rafael ya no les necesita tanto. Está preparado para volar.

Sentado ahora en su cama, el pulso se le acelera sólo de pensar en Wimbledon. Han pasado seis meses de su victoria en Londres y aún no ha visto el DVD de la final. Pero no lo necesita. En su cabeza tiene grabado todo el partido de la final, punto a punto, como si lo estuviera jugando otra vez. Lo vive en presente, en vivo, sintiendo incluso que los ojos se le humedecen por la emoción del momento.

El recuerdo se inicia cuando se marcha de Roland Garros. Su cabeza ya estaba en la hierba de La Catedral del tenis. Ese torneo con el que soñaba desde que jugó el júnior en el 2003 y que este año podría abrirle definitivamente el camino hacia el número uno del mundo.

Queen's vuelve a ser la piedra de toque para encontrar las buenas sensaciones. Desde el primer día se siente cómodo. Rafael está feliz. Puede trabajar con la intensidad que quiere y tiene tiempo para relajarse, pasear, jugar a la play, a las cartas, ver los partidos de fútbol de la Eurocopa o escaparse a cenar al Cambio de Tercio, un restaurante situado en el barrio de Kensington en el que su dueño, Abel, recibe y trata a todos los tenistas españoles como si fueran de su familia.

El torneo no le depara un sorteo fácil pero supera a sus primeros rivales sin demasiadas dificultades. El partido más complicado lo juega frente al gigante croata Ivo Karlovic, al que vence tras disputar tres desempates. Se siente muy cómodo y seguro. ¡Que diferencia del primer año que vino a jugar!. No sabía moverse sobre la hierba y sus golpes eran de principiante. Ahora todo ha cambiado. El saque le funciona, su revés cortado ya hace daño sobre la hierba, la derecha le permite dominar los partidos como si jugara en tierra y hasta se atreve a acabar los puntos en la volea. Roddick y Djokovic lo comprueban en directo en la semifinal y la final del torneo. Ni el estadounidense ni el croata pueden impedir que gane su primer título sobre hierba.

—Esta victoria es muy importante para encarar Wimbledon con garantías. Estás en el mejor nivel de tu tenis y te veo con opciones de llegar otra vez a la final, aunnque el camino es muy largo—le comenta Toni cuando llega a Londres a la casa que este año han alquilado en Wimbledon. La misma en la que estuvo la francesa Amelie Mauresmo, campeona el año anterior. Una buena señal.

Debuta con una gran expectación ante el alemán Andreas Beck y resuelve en tres mangas por 6-4, 6-4 y 7-6 (9-7). En segunda ronda precisa de cuatro sets para eliminar al lituano Ernest Gulbis por 5-7, 6-2, 7-6 (7-2) y 6-3. Y prosigue su camino con dos claras victorias sobre el alemán Nicolás Kiefer al que se impone por 7-6 (7-3), 6-2 y 6-3 y ante el ruso Mijail Youzhny al que vence por 6-3, 6-3 y 6-1. Esos resultados son la mejor prueba para afrontar con garantías los cuartos de final ante el ídolo local, el escocés Andy Murray. Un partido complicado por el ambiente de una grada volcada con su compatriota y que le anima como si estuvieran presenciando un partido de fútbol de la selección inglesa. Pero Nadal apaga pronto la caldera de la central con un tenis efectivo y practico para imponerse por 6-3, 6-2 y 6-4 y pasar a las semifinales donde dos días después se deshace sin problemas del alemán Rainer Schuettler, invitado sorpresa en esta penúltima ronda, al que gana por 6-1, 7-6 (7-3) y 6-4.

Seis partidos y 14 días después de haber empezado el torneo, Nadal vuelve a estar donde quería. En la gran final. La tercera consecutiva y contra el rival de siempre: Federer. El dueño del jardín. Será su sexta final de Grand Slam contra el tenista suizo.

—No es normal jugar tantas finales juntos y posiblemente, si Federer no estuviera en mi misma época, yo ya sería número uno del mundo. Roger es el mejor sobre hierba y esta final no tendrá nada que ver con la de Roland Garros— comenta a la prensa.

Su rival piensa parecido.

—Jugar seis finales es completamente increíble. Los dos merecemos el título. No es casualidad pero cada uno tiene el destino del otro en su mano.

Toni ha ido preparando a Rafael a lo largo de estos días para que pueda afrontar la final con confianza. Y lo ha hecho a su estilo, como siempre. Dejando caer consejos esporádicos que sabe que van dejando huella en su sobrino. La actuación de España en la Eurocopa y especialmente su triunfo final contra pronóstico ante Alemania le han permitido comparar situaciones y evitar que su sobrino se obsesione sólo por el tenis durantes estos días.

—Estás ante la posibilidad de ganar algo histórico. Has logrado ya el cuarto Roland Garros. Tu carrera ha dado un salto de calidad. Pero ahora tienes una nueva oportunidad de ganar en Wimbledon. Puedes lograrlo pero debes tener calma y no impacientarte. Sé que puedes ganar a Federer pero para eso debes aguantar, luchar y mantener la igualdad en el marcador para que el partido se decida cuando la fuerza mental sea más importante que el juego. Entonces tus posibilidades serán muchas—, le anima Toni en el vestuario.

El partido se acerca y la tensión crece. Hay expectación, porque todo el mundo sabe lo mucho que se juegan los dos tenistas. Para Federer una derrota supondría el final de un reinado que se alarga ya por espacio de cinco años y que en el 2007 le permitió igualar el récord de cinco victorias consecutivas de Borg. Para Nadal un triunfo sería la confirmación de su progresión y capacidad de ganar sobre cualquier superficie y no solo destronar al tenista suizo en Wimbledon sino arrebatarle el liderato del tenis mundial. Una nueva derrota de Federer sería un auténtico descalabro para el suizo. Las apuestas están muy repartidas, pero Federer sigue siendo ligeramente favorito para los expertos.

«Será un partido de dos gigantes. El rey invencible contra el aspirante a rey. Nadal me ha impresionado estos días, pero Federer es mi favorito» comenta el alemán Boris Becker, triple campeón de Wimbledon. «Roger deberá jugar muy bien a la volea, si quiere ganar a Rafa. Si no lo logra acusará la presión. Sabe que si pierde éste puede ser el final de su reinado como número uno» vaticina John McEnroe, cuatro veces campeón en Londres que ganó una final muy parecida en 1981 ante Borg y que horas antes ha estado peloteando con Nadal. Se lo ha pasado en grande. Igual que los aficionados que se agolpan en la pequeña pista exterior, la número 4, y no paran de animarle y sacarle fotos.

El Rolex de la pista central del All England Lawn Tennis and Crocquet Club de Wimbledon, marca las 15.25 horas del domingo 6 de julio de 2008 cuando Steve Adams, socio del club y encargado de acompañar a los jugadores a la pista central, se acerca a Nadal y Federer. La lluvia ha obligado a retrasar el inicio de la final previsto para las 14.00 como marca la tradición. Por unos momentos se ha temido que tuviera que suspenderse el partido hasta el lunes.

—Caballeros, ¿Listos?

La central ruge cuando los dos tenistas entran precedidos por un empleado del club que lleva sus bolsas. Nadal pisa primero la hierba y saluda al público levantando su mano izquierda mientras en la derecha lleva la raqueta con la que empezará a jugar. Tras él, Federer sonríe tímidamente. El cielo está encapotado y los augurios no son nada buenos.

Nadal se toma su tiempo antes de iniciar el peloteo. La tensión se palpa en sus caras mientras calientan. El silencio es sepulcral, solo se oye el golpe de la bola contra los cordajes de las raquetas. Los espectadores que llenan las gradas sienten que van a vivir una final especial. Y comienza el partido. Federer saca y Nadal le gana el primer punto con un gran resto. Es un aviso. Las cosas no pueden empezar mejor. Tres juegos después Nadal consigue el primer break. Una ventaja suficiente para apuntarse el primer set por 6-4. En el segundo Federer parece reaccionar y se adelanta 3-0 y 4-1. Pero Nadal no sólo consigue recuperar esa desventaja sino que gana cinco juegos seguidos y se apunta el segundo set con otro 6-4. La sorpresa es general. Nadal ha ganado las dos primeras mangas. No es normal. Federer está tenso y perdido. La final parece decidida aunque el número uno del mundo lucha para evitarlo en la tercera manga manteniendo su saque hasta el 5-4. Justo en el momento que la lluvia obliga a interrumpir por primera vez la final. El juez de silla, el francés Pascal Maria, suspende el partido y para su reloj a las 16.52 horas. A Federer le ha salvado la campana como a esos boxeadores que se mueven groguis sobre el ring a la espera del KO definitivo. Nadal y Federer corren al vestuario, mientras en menos de 20 segundos los empleados del club cubren la pista con una lona. La final no volverá a comenzar hasta las 18.12 horas.

—Hombre, ahora no era necesario que hicieras aparecer la lluvia— le comenta socarrón Rafael a su tío cuando entra en el vestuario, recordando cómo de niño una vez le hizo creer que con sus extraordinarias dotes de mago podría hacer llover para que detuvieran un partido que estaba perdiendo.

Rafael aprovecha ese descanso para reponer fuerzas y curar un pequeño problema en el dedo de un pie. El doctor Ángel Ruiz-Cotorro se lo lleva a una habitación próxima para tratarle y aplicarle una inyección que le adormezca la zona y le permita jugar sin dolor. Toni, que no soporta ver las agujas, se estira en un banco del vestuario y mientras espera ¡se queda dormido! Nadal no puede creerlo cuando vuelve a su lado tras el tratamiento.

—Estamos en la final de Wimbledon y se ha dormido, le comenta atónito al doctor.

—Venga Toni despierta que volvemos a la pista—, le dice para despertarle, pero aún tardarán más de media hora en volver a salir. Toni se muestra confiado.

—Tranquilo, Rafa. Tienes que seguir jugando como hasta ahora y ganar tu saque de salida. Si igualas a 5-5 Federer notará la presión porque sabe que si pierde su saque todo se habrá acabado para él —Toni sabe porqué le dice eso. En situaciones límite su sobrino es el más fuerte mentalmente. Rafael es capaz de disfrutar como un niño allí donde los demás sufren.

Federer está contra las cuerdas pero esta vez cuando vuelve a la pista saca su orgullo y no se rinde. Nadal logra el 5-5 que le pedía Toni pero al contrario de lo que pensaba su tío, a Federer no le tiembla el pulso para lograr el 6-5 con tres primeros servicios excelentes y un ace. El partido ha cambiado. Federer no se va a rendir fácilmente y se apunta el set en el tie break por 7-5. «Hay partido» exclama McEnroe desde su cabina de comentarista.

El excampeón sabe lo que dice. En el cuarto set los dos tenistas mantienen su saque hasta forzar un segundo tie break. La emoción va en aumento en las gradas. Nadal consigue adelantarse 5-2 y dispone después de dos saques para cerrar el partido y ganar la final. Federer está acorralado pero se juega cada punto con golpes maestros y logra remontar hasta igualar 5-5, 6-6 y 7-7. La emoción está al máximo. Nadal consigue su primer match ball del partido pero no puede concretarlo y pierde los tres siguientes puntos y el cuarto set. «Increíble, lo ha tenido en su mano y se le ha escapado» comenta McEnroe.

Por la cabeza de Nadal pasan como un flash los recuerdos de la final del año pasado y la ocasión que entonces dejó escapar. Ahora aún lo ha tenido más cerca y tampoco lo ha aprovechado. Sentado en la silla espera el inicio del quinto y definitivo set. Su mente intenta olvidar esa ocasión perdida. No está dispuesto a volver a perder. «Esta es tu oportunidad, lucha, lucha y lucha», se dice.

Desde la grada Toni intenta tranquilizarlo.

—Olvídate de lo que ha pasado. Concéntrate. Ahora no puedes permitir que se vaya en el marcador. Asegura tu saque.

Y así lo hace hasta que con 2-2 y 40-40 vuelve la lluvia. El Rolex de la central marca las 19.45 cuando por segunda vez deben volver al vestuario. Toni tarda en llegar porque tiene un recorrido más largo. En el camino piensa en qué debe decir a su sobrino para animarle. Cree que tras perder ese match ball estará muy tocado.

—Es mejor que ahora no te duermas. ¿Eh?— le dice Rafael, sentado ya en el vestuario cuando le ve llegar. Toni sonríe.

Su sobrino está entero y dispuesto para luchar. Eso es lo mejor que podía pasar.

—Hemos perdido una ocasión. Pero no pasa nada —comienza a explicarle Toni—. El partido está abierto y puede ganar cualquiera. No aflojes, no bajes la guardia y lucha hasta el final. Estás muy cerca del título. Ahora no es una cuestión de jugar mejor o peor, ahora es una cuestión de nervios. Tienes que llegar al 4-4 y después ganará quien esté más fuerte de cabeza, no quien sepa jugar mejor al tenis.

Y entonces, Toni se queda absolutamente sorprendido con la respuesta de Nadal.

—Ganaré. Bueno, no sé si ganaré, pero puedes estar tranquilo porque yo no fallaré. Estoy muy seguro de mi mismo. El año pasado no sabía si volvería a estar en una final y por eso lloré después de perderla. Pero ahora vuelvo a estar ahí y estoy seguro de que si pierdo tendré otra oportunidad el próximo año. Tranquilo, haré lo que debo hacer. No fallaré.

Cuando Toni llega al palco de jugadores, le dice a Carlos Costa: «Me ha dicho que no fallará y que ganará». Se miran con una sonrisa incrédula. Pero los dos están contentos porque conocen a Rafael y saben que no es ningún farol. Está convencido de que puede hacerlo. A las 20.24 horas Federer vuelve a poner la bola en juego mientras el tímido sol que había aparecido empieza a caer y desaparecer entre las nubes. Apenas queda una hora de luz natural antes de tener que suspender la final. La igualdad en el marcador se mantiene no sólo hasta el 4-4 que pedía Toni sino que sigue con 5-5, 6-6 y 7-7. El juez de silla Pascal Maria mira hacia el cielo cada vez más oscuro. La suspensión del partido parece inminente cuando Federer cede su saque en el decimoquinto juego de la última manga. El pentacampeón de Wimbledon no aguanta la presión y en el segundo match ball del juego que tiene en contra —tercero del partido—lanza su derecha contra la red. Se acabó.

Después de 4 horas y 28 minutos de juego, a las 21.15 de

la noche, Nadal cumple su promesa y hace realidad el sueño de su vida al derrotar a Federer por 6-4, 6-4, 6-7 (5-7), 6-7 (8-10) y 9-7. Entonces todo se desborda. Se deja caer sobre la hierba, de espaldas, con los brazos abiertos. A pocos metros, en el palco, Toni de pie, grita «¡Si Rafel, si!», mientras Carlos Costa, Rafa Maymó, Benito Pérez Barbadillo y el doctor Ángel Ruiz-Cotorro se abrazan y su hermano Sebastià y su cuñada Ana Maria se besan. Rafael se levanta del suelo y corre para encaramarse a lo alto del palco. Quiere compartir su felicidad con ellos. Después, rompiendo todo el protocolo de Wimbledon, salta sobre el techo de las cabinas de televisión para ir a saludar a los Príncipes de Asturias que han venido a ver la final.

—Nos has emocionado, España está orgullosa de ti, le dice el príncipe Felipe, mientras Nadal besa a la princesa Letizia.

En el otro extremo de la pista el resto de la familia de Nadal, sus abuelos, sus tíos, sus sobrinos y varios amigos, no pueden ocultar la emoción de ese momento mágico, mientras miles de flashes brillan en las gradas como si fueran pequeñas estrellas de una noche tan mágica como inolvidable intentado captar un instante único. La final más larga de la historia de las 122 ediciones de Wimbledon. «El mejor partido que nunca antes se ha visto» dice McEnroe, aún emocionado por el espectáculo vivido.

Minutos después Nadal recibe de manos del Duque de Kent la Challenge Cup, el trofeo que desde 1877 recibe el campeón de Wimbledon. Y como hace en todas sus victorias Nadal lo muerde feliz y orgulloso. «Es imposible explicar cómo me siento en este momento. Estoy muy feliz porque he cumplido un sueño. Muchas gracias a Roger, él es el mejor jugador de la historia y un deportista ejemplar tanto cuando gana como cuando pierde», dice emocionado en su discurso respondiendo a Federer que tras recibir el plato de finalista le ha confesado su admiración públicamente. «Ha sido un honor poder volver a jugar aquí. Rafa es el peor rival que podía encontrar sobre mi mejor pista. Ha sido una pena no haber podido ganar, pero volveré el próximo año», dice el suizo que luego, en la conferencia de prensa, catalogará su derrota como «un desastre».

Wimbledon le abrió las puertas del liderato mundial y rompió todos los esquemas en los que se había instalado el tenis mundial en los últimos cinco años. Federer comenzó a sentir que ya no era el número uno: había perdido ante Nadal en las dos últimas finales del Grand Slam y de forma muy dolorosa en La Catedral del tenis. Ya no podía ni siquiera asegurar que era el mejor en hierba y comenzaba a estar convencido de que los días de vino y rosas estaban acabando para él.

Pocas semanas después Nadal confirmó su extraordinario momento. Ganó el título en Toronto y tras alcanzar las semifinales de Cincinnati (perdió contra Djokovic) se aseguró matemáticamente el número uno del mundo, aunque no lo vería reflejado en la clasificación hasta después de los JJOO de Pekín, el 18 de agosto del 2008.

—Tantas veces había soñado con eso y había logrado los puntos necesarios para ser número uno, que ya empezaba a desesperarme.

Sin embargo, no habría mucho tiempo para celebraciones. De Estados Unidos saltó directamente a Asia, sin descanso. Los JJOO de Pekín estaban en el inmediato horizonte. Nadal recuerda que los días antes de viajar a China se sentía cansado pero también ilusionado por estar allí. Quería vivirlos como uno más de los 365 deportistas españoles presentes en Pekín y se instaló en la villa olímpica como uno más de ellos. Nadal llegó justo a tiempo para participar en la inauguración de los Juegos en el estadio olímpico. Allí también estaba Federer que fue el abanderado de Suiza pero que prefirió alojarse en un hotel de cinco estrellas para preparar el torneo. Nadal se lo pasó en grande en el desfile, fotografiándose con sus compañeros, sin importarle la larga espera de una ceremonia que se alargó casi cinco horas.

«He vivido muchas emociones. Soy feliz por vivir algo así. Ha sido inolvidable. Me encanta estar aquí. Por mi mentalidad soy más un deportista de equipo que no individual» explicaba a la prensa, 24 horas antes de debutar en el partido de dobles con Tommy Robredo de pareja.

En la villa convivió con muchos de los deportistas a los que admiraba. Desde que llegó quería saludar al nadador estadounidense Michael Phelps que en Pekín ganaría ocho medallas de oro batiendo el récord de su compatriota Mark Spitz que en Múnich 72 logró siete. Quería fotografiarse con él y pedirle un autógrafo pero su sorpresa se la llevó cuando se vieron y fue Phelps quién le pidió fotografiarse con él.

—Siempre que puedo veo tus partidos por televisión. Eres mi tenista favorito. Tu triunfo en Wimbledon me impresionó. Te he admirado siempre, para mí eres un ejemplo—, le dijo el nadador estadounidense, mientras Rafael enrojecía y le decía que era él quien lo tenía como un mito y como el mejor nadador de la historia.

Los días eran intensos y los entrenamientos duros. A Nadal no le gustaban las bolas con las que iba a jugarse el torneo y no se sentía cómodo en la pista. El calor y la humedad eran insoportables. En los partidos tenía que cambiar cada 20 minutos el sobregrip de la empuñadura para evitar que la raqueta se le escapase de las manos por el sudor. Pero estar con el resto de deportistas españoles le permitió evadirse de sus preocupaciones. Esos días tuvo oportunidad de hacer cosas distintas a las que hace en los torneos de tenis. Pudo ir a ver partidos de otros deportes, especialmente los de baloncesto que jugaba España por su amistad con Pau Gasol. También estuvo en la final de los 100 metros en la que el jamaicano Usain Bolt batió el récord mundial. Muchas tardes acudía al apartamento Gasol para jugar a las cartas. Allí tenían tiempo de hablar de sus cosas y compartir anécdotas y experiencias. Gracias a ese ambiente se sintió arropado. No sólo eso, muchos otros deportistas españoles e internacionales se acercaban a él para demostrarle su admiración. En las gradas encontró el apoyo de los hermanos Gasol, Rudy Fernández, mallorquín como él, los jugadores de waterpolo, de balonmano, de hockey hierba, Gemma Mengual, la nadadora de rítmica que se convirtió en la deportista que más medallas ha ganado en la historia del deporte español. Todo eso le dio ánimos y le ayudó a alcanzar la final olímpica en la que se enfrentó al chileno Fernando González al que venció por 6-3, 7-6 (7-2) y 6-3. Antes había dejado en el camino al italiano Potito Starace (6-2, 3-6, 6-2), al australiano Lleyton Hewitt (6-1, 6-2), al ruso Igor Andreev (6-4, 6-2) al austriaco Jurgen Melzer (6-0, 6-4) y en semifinales al serbio Novak Djokovic (6-4, 1-6, 6-4), que a punto estuvo de eliminarle en el partido más difícil que jugó después de Wimbledon. Nadal se escapó de la derrota gracias a sus sietes vidas. A ese espíritu de lucha que caracteriza su juego y que desespera a sus rivales. Djokovic tuvo que conformarse con la medalla de bronce.

Nadal se convirtió en el primer español en ganar una medalla de oro en tenis. Una victoria que premiaba el esfuerzo inhumano de los últimos meses. El *Nadalslam* como bautizó la prensa sus triunfo consecutivo en Roland Garros, Wimbledon, los Juegos y el número uno del mundo. Ese oro olímpico mereció la pena, aunque meses antes Nadal valoró la posibilidad de renunciar a los Juegos. Su tío Toni le había hecho un planteamiento claro:

—Si vas a Pekín no llegarás bien al Open de Estados Unidos. Tú decides qué quieres.

En juego estaba el número uno mundial y la posibilidad de ganar el tercer Grand Slam del año. Para Toni eso tenía más valor que la medalla. Pero Rafael quería ir a los JJOO.

«Como tenista es más importante granar un Grand Slam, pero como deportista esto es lo más grande», dijo después de que Juan Antonio Samaranch, el expresidente del Comité Olímpico Internacional, le colgase la medalla en el cuello.

De Pekín Nadal viajó de nuevo a Estados Unidos sin apenas celebrar el éxito. Su llegada a Nueva York sirvió para constatar el salto espectacular que había dado su popularidad. Todo el mundo le reclamaba para entrevistas, querían todo tipo de detalles sobre su vida. La gente le paraba por la calle y le pedía autógrafos. Todos le reconocían: era el campeón de Wimbledon, de los JJOO y el nuevo número uno del mundo. Se sentía halagado pero su cabeza ya no era la misma para competir a tope. Su tío tenía razón cuando le decía que si jugaba en Pekín no estaría en condiciones de afrontar el Open de Estados Unidos. Así y todo ganó al alemán Bjorn Phau (7-6, 6-3, 7-6), al estadounidense Ryler DeHeart (6-1, 6-2, 6-4), al serbio Viktor Troicki (6-4, 6-3, 6-0), a los estadounidenses Sam Querrey (6-2, 5-7, 7-6, 6-3) y Mardy Fish (3-6, 6-1, 6-4, 6-2) antes de perder en las semifinales con el escocés Andy Murray que se tomó la revancha de Wimbledon y le derrotó por 6-2, 7-6, 4-6 y 6-4. Después viajó a Madrid para disputar las semifinales de la Copa Davis contra Estados Unidos y ganó sus dos partidos ante Querrey y Roddick. Pero notaba que estaba al límite. El último esfuerzo lo hizo en octubre para participar en el Masters Series de Madrid donde perdió en semifinales con el francés Gilles Simon y una semana más tarde, en Paris-Bercy, su cuerpo dijo basta y se vio obligado a abandonar en cuartos de final frente al ruso Nikolay Davidenko, con problemas en la rodilla derecha.

—Sufres una tendinitis y deberías dejar de jugar un tiempo —le recomendó el doctor Ruiz-Cotorro cuando le visitó en Barcelona.

—¿Eso significa que no podré disputar el Masters y la final de la Copa Davis?

—No lo sé. Es prematuro decirlo. Mi consejo es que no vayas al Masters y después, según la evolución de la lesión, decidamos qué hacer con la Copa Davis.

Nadal era consciente de que había forzado la máquina y aunque esperó a recuperarse para viajar a Argentina, el día antes de que Emilio Sánchez, el capitán del equipo, diera la lista de para la final, Rafael le comunicó su renuncia. La temporada había acabado para él sin poder recibir los honores de número uno del mundo en Shanghái ni jugar la Copa Davis que sus compañeros conquistarían en Mar del Plata. Un triunfo que vivió con la misma intensidad que si hubiera estado allí. «Este equipo ha hecho historia. Era muy difícil ganar en las condiciones que lo han hecho» valoró feliz por ese éxito pero renunciando a cualquier protagonismo.

Ahora, solo, sentado en la terraza de la casa de sus abuelos en Porto Cristo, se siente orgulloso por ese año increíble que ha vivido. En el silencio de una noche limpia y estrellada, mira el firmamento y sonríe al recordar que quizás uno de esos puntitos que brillan a miles de kilómetros, sea el asteroide número 128.036 que los astrónomos del observatorio de Palma han localizado entre Marte y Júpiter y lo bautizaron con su nombre después de que ganara Wimbledon. No podía creerlo cuando se lo comunicaron. Esas cosas aún le superan pero forman parte del éxito. Es un reconocimiento más de los muchos que ha recibido en las últimas semanas, aunque el más importante para él, sin ninguna duda, fue el Premio Príncipe de Asturias de los deportes. «Un galardón especial y único porque premia los valores humanos de la persona. Y eso me hace sentir muy feliz y orgulloso», dijo tras conocer su elección entre una lista de candidatos en la que estaban la selección de España que ganó la Eurocopa, Michael Phelps y Usain Bolt. Pero aún más orgulloso se sintió el día 24 de octubre de 2008 cuando acudió a Asturias a recoger el premio y escuchó como Ingrid Betancourt, Premio de la Concordia, liberada después de un largo angustioso secuestro por el movimiento FARC de Colombia, le nombraba y le ponía de ejemplo en su discurso ante las autoridades.

«Llegar al Principado de Asturias, quedar envuelta en el cariño de su gente y en el esplendor de su historia, es para mí, después de tantos años difíciles, la expresión de la misma gracia divina. Cómo explicar de otra manera el camino extraordinario que me trae hasta aquí: hace algunas semanas estábamos mis compañeros y yo en el mundo húmedo y asfixiante de la selva, donde nada era nuestro, ni siquiera nuestros propios sueños. Fueron muchas las noches oscuras en que traté de evadirme imaginando un mundo mejor, un mundo donde personas alrededor mío buscaran aportarle felicidad a los demás y donde hiciera, otra vez, bueno vivir.

No podía imaginar que Dios oiría mi llamado al punto de traerme aquí, junto a personas que me alegraron tantos momentos el largo cautiverio que me tocó vivir.

A Rafael Nadal, por ejemplo, lo seguí durante seis años por las canchas de Roland Garros. Lo vi crecer a través de las transmisiones en directo, que Radio Francia Internacional hacía cada verano. Y al tiempo que compartía la alegría de sus cada vez mayores éxitos, vivía la frustración de no poder ver sus victorias. Estar aquí en el día de hoy, viéndolo cara a cara, es como cerrar un círculo, es completar de forma maravillosa una cita con la vida...» [sic]

Se emociona al recordar esas palabras. Escuchándola en el teatro Campoamor de Oviedo donde se hizo la ceremonia de la entrega de premios le pareció que cualquier éxito suyo no tenía ninguna importancia ni valor comparado al sufrimiento de Betancourt o al de otros muchos seres que, como ella, sufren situaciones parecidas.

Sus pensamientos los rompe el móvil que suena en la habitación. Es Toni. Le llama para confirmarle que mañana se entrenarán en Son Moncho. Una finca de unos amigos situada a pocos kilómetros de Manacor que tiene una pista de cemento en la que se entrenan muchas veces para preparar los torneos de pista rápida. Quedan a las nueve de la mañana en el portal de su casa para ir juntos y le dice que ha convocado para el entrenamiento a Ignaci Coll. Un joven tenista menorquín de l'Escola Balear de Tennis que viajará como sparring suyo en la próxima gira australiana. Su tío le recuerda que dedicarán la sesión matinal a practicar con el revés cruzado. Entre los ejercicios previstos quiere que juegue un set en el que sólo marcará el punto a su favor si lo gana con un revés cruzado. Nadal está acostumbrado a estos inventos. Toni siempre le pone desafíos en los entrenamientos para obligarle a superarse. Recuerda que de pequeño se lo pedía incluso en los partidos de torneo. Un día le hacía jugar un partido entero golpeando la bola antes de que botara en su pista. Otro que subiera a la volea después de dos intercambios, o que no utilizara el revés paralelo. No le importaba que ganara o perdiera, sólo que le hiciera caso. Y él ejecutaba sus órdenes sin rechistar, sabiendo que todo lo hacía por su bien y para que mejorase aspectos del juego.

La lesión en la rodilla le ha permitido tener más descanso y preparar un poco mejor la pretemporada. Las Navidades han pasado. Llega Año Nuevo y Nadal ya prepara las maletas para dar el salto a Australia. Su programa como nuevo número uno del mundo comenzará con una exhibición en Abu Dhabi a donde viaja acompañado de Francis Roig porque Toni, como cada año, se quedará en Manacor para pasar los Reyes con sus hijos y viajar directamente a Melbourne. Su primer torneo del año lo juega en Doha donde alcanza los cuartos de final. Un resultado que no le satisface demasiado porque además la rodilla aún le molesta. A 10 días vista del inicio del Abierto de Australia se muestra intranquilo y decide renunciar a la exhibición que tenía prevista jugar en Kooyong y preparar mejor su debut en el Grand Slam australiano en el que por primera vez saldrá como primer cabeza de serie. No quiere fallar. El 2008 ya ha pasado y ahora el marcador vuelve a estar a cero. Su objetivo es salir de la gira americana de marzo con 2.000 puntos.

Toni se incorpora al grupo en Melbourne convencido de que este año su sobrino puede ganar en Australia. Rafael llega fresco de cabeza y con las pilas cargadas, no como en los años anteriores. Aún así le habla claro sobre sus opciones.

—Como número uno eres el candidato para ganar pero si miras el cuadro hay otros que también pueden hacerlo como Djokovic que ganó el año pasado o Federer que ha ganado tres títulos aquí y a otro nivel incluso Murray, Tsonga o Roddick. Tus opciones matemáticas de ser campeón son sólo del 12%. El sorteo del cuadro te ha favorecido bastante porque tienes rivales asequibles al menos hasta cuartos de final pero después ya veremos—le dice.

Los pronósticos de su tío se cumplen y Nadal se deshace sin problemas del belga Christophe Rochus (6-0, 6-2, 6-2), del croata Roko Karanusic (6-2, 6-3, 6-2), del alemán Tommy Haas (6-4, 6-2, 6-2), del chileno Fernando González (6-3, 6-2,

6-4). Llega a las semifinales sin ceder un set. Las dudas que tenía al principio se han disipado totalmente. Nadal se siente fuerte y preparado para el asalto de Australia, un torneo que todavía no ha ganado ningún tenista español aunque Joan Gisbert (1968), Andres Gimeno (1969) y Carlos Moyà (1997) disputaron la final.

De momento ha igualado el resultado que logró el año pasado cuando perdió contra Tsonga. Ahora la situación ya no es nueva aunque el rival es su amigo Fernando Verdasco. El tenista se ha convertido en la revelación del inicio de temporada después de haber sido el héroe español de la última Copa Davis. Hace unas semanas alcanzó la final de Brisbane y en el Abierto de Australia ha dado la gran sorpresa al eliminar a Andy Murray en la ronda anterior. El tenista madrileño parece otro. Su frágil mentalidad ha desaparecido. Se siente fuerte y seguro. Verdasco ha alcanzado el mejor nivel de tenis de su carrera, tras realizar la pretemporada de invierno en el campus Adidas que Gil Reyes —ex entrenador de Agassi— tiene en Las Vegas.

Verdasco le planta cara a Nadal y le lleva hasta la quinta manga. Un partido durísimo y agotador que Nadal gana por 6-7(4-7), 6-4, 7-6(7-2), 6-7(1-7) y 6-4. Nadie esperaba que Verdasco mantuviera el mismo nivel de tenis durante todo el partido. El tenista madrileño ha jugado sin fisuras, al límite, obligando a Nadal a un desgaste impresionante de 5 horas y 14 minutos, el partido más largo de la historia del torneo, que puede pasarle factura en la final contra Federer. El partido contra Verdasco concluye a la una y media de la madrugada de Melbourne. Pero no acaba aquí el día. En el hotel Nadal pide algo de comida y sube a la habitación para que Rafael Maymó le haga un buen masaje y le prepare un baño de hielo para recuperar la musculatura. Cuando su preparador sale de la habitación son ya las cuatro de la madrugada del sábado.

Y al día siguiente tiene la final. Apenas tendrá 24 horas para recuperarse mientras que Federer lleva dos días tranquilo esperando rival. Nadal se levanta el domingo tarde. Desayuna con Toni y el resto del equipo y se van a las instalaciones de Melbourne Park. En el traslado su tío le va dando mensajes de ánimo aunque los dos saben que algo no funciona. En el calentamiento previo a la final que hacen sobre las cuatro de la tarde Rafael se siente fatal. Está intranquilo, irritable. Se queja de sus golpes y no le gustan sus sensaciones. Todo son problemas. Arrastra un tirón en los gemelos y en un momento del entrenamiento se marea. Sale muy mal de la pista. Por su cabeza pasa incluso la posibilidad de retirarse sin jugar.

—Oye Toni, tal como estoy no tengo ninguna opción de ganar a Federer. No sé lo que me está pasando, pero no me encuentro bien.

La respuesta de Toni no se produce de inmediato. Prefiere pensar bien cómo puede lograr que Rafael reaccione y salga a la pista con moral de ganador. No le dice nada. Deja pasar un buen rato antes de hablar con él. Y cuando falta poco para las 19.30, la hora marcada para el inicio de la final, se sienta en el vestuario y comienza a hablarle.

—Mira te diré lo que debes hacer. Si me escuchas, tienes bastantes posibilidades de perder; si no me escuchas, las tienes todas. Para ganar debes hacer un superesfuerzo. Si no eres capaz, no es necesario que sigamos hablando porque te pasará lo mismo que en el Open de Estados Unidos, donde te expliqué la situación y tú insististe en que estabas hecho polvo. Así te fue. Aquí es lo mismo. Tienes ante ti la posibilidad de ganar un Grand Slam en pista rápida, de sumar el sexto título grande de tu carrera con sólo 22 años. Puedes ganar tres Grands Slams en 12 meses y en tres superficies distintas, cosa que sólo ha hecho Andre Agassi, pero no así de seguidos como tú puedes lograrlo. Creo que son razones suficientes para no tirar la toalla de entrada.

Rafael escucha, atento. Su tío tiene razón. Siempre hay que escucharle y hacerle caso. Y Toni prosigue.

—Tienes posibilidades de ganar. Sabes que a Federer le cuesta jugar contra ti. Si tienes problemas ahora no estás a tiempo de solucionarlos. Deberás convivir con ellos todo el partido. Si estás cansado, no pienses en ello porque dentro de una hora y media seguirás estando cansado. Si te duele alguna cosa, tranquilo que te seguirá doliendo y si te mareas tendrás que retirarte y habremos perdido. Es imposible arreglarlo todo antes del partido. Lo único que puedes cambiar es tu actitud. Si lo haces y luchas tendrás una mínima oportunidad porque no sabemos cómo afronta la final Federer, que ha perdido contigo en Wimbledon y se está jugando aún mucho más que tú.

—Sí, pero no me siento nada bien.

—Lo sé. Pero ¿qué harías si tuvieras a un matón detrás de ti con una pistola y te dijera que cuando pararas de correr te dispararía? ¡Correrías todo el día! Todo depende de lo que tú te exijas. Si eres capaz de tirar adelante porque alguien te apunta con una pistola, también lo eres para buscar aquella copa que ves allí. Eso depende sólo de ti y vale la pena el último esfuerzo.

Hablaron durante largo rato. Y de vez en cuando, Toni le iba gritando a Rafael el mensaje que Barack Obama utilizó en su campaña electoral hacia la presidencia de los Estados Unidos: «Yes we can (Si, podemos)».

—Olvídate de los problemas y juega— fue lo último que le dijo antes de que saltara a la pista.

En el palco de jugadores había también preocupación.

—¿Cómo está la situación? —preguntó Sebastià a Carlos Costa.

—Mal. Rafael está hecho polvo, pero me parece que Toni le pondrá a punto con todo lo que le está diciendo—le dijo a su padre el manager.

Nadal sale a la Rod Laver Arena animado y dispuesto a no pensar en los problemas físicos. Camina tras un Federer al que se le ve tenso. El suizo afronta su primera ocasión de igualar el récord de 14 títulos de Grand Slam que posee el estadounidense Pete Sampras, pero sabe que no lo tendrá fácil porque Nadal le ha ganado las dos últimas finales en Roland Garros y Wimbledon. Una impresionante ovación recibe en la pista central a los dos campeones. Ambos se muestran nerviosos desde el primer momento. Nadal se apunta la primera manga por 7-5 y Federer iguala la segunda con un 6-3 aunque el juego de ambos está muy lejos del nivel al que tienen acostumbrados a los aficionados. Será en el tercer y cuarto set cuando el panorama cambie de verdad y la final sea al fin el esperado duelo entre dos mejores jugadores del mundo. Federer tiene la primera oportunidad de decantar la balanza de su lado en la tercera manga pero desperdicia un 0-40 con 4-4 y un 15-40 con 5-5. En esa fase del juego los aficionados asisten a un tenis espectacular con un Federer desbocado y un Nadal que se defiende con golpes imposibles. Uno y otro son conscientes que en esos momentos se están jugando el título. Nadal aguanta con problemas en los gemelos y logra forzar el tie break que finalmente se apunta por 7-3.

—Ha salvado lo peor porque ha aguantado de cabeza—le dice en el palco Toni a Carlos Costa.

Tiene razón. Federer ha estado demasiado ansioso en los momentos claves de ese set y ha fallado golpes muy claros. De nada le servirá al suizo apuntarse la cuarta manga por 6-3 y volver a igualar el marcador de la final. Tras conseguirlo, en el quinto y decisivo set, se viene inesperadamente abajo, sin recursos, hundido mentalmente y buscando golpes ganadores imposibles para evitar la debacle. Una situación ya muy habitual cuando se enfrenta a Nadal, al que sólo ha ganado en 6 de las 19 ocasiones en que han jugado. Y Nadal no deja escapar su ocasión para proclamarse campeón y ser el primer español en ganar el Abierto de Australia. Su sexto título de Grand Slam y el primero en pista dura. En la entrega de premios el extenista Andrés Gimeno, finalista en 1969, invitado por los organizadores para homenajear a Rod Laver, el hombre que le ganó aquella final y conquistó los cuatro torneos grandes esa temporada, no oculta su emoción por el triunfo de Nadal.

—Muchas gracias, hijo, me has hecho sentir orgulloso por esta victoria, ¡pero qué mal que lo he pasado hasta el último momento!—le dice a pie de pista antes de la entrega de trofeos.

Hay motivos para estar exultante. Pero Nadal ve el desconsuelo de Federer y se retiene. Intenta no exteriorizar su emoción. Todo alcanza su cénit cuando el locutor le pide al tenista suizo unas palabras como finalista. Entonces alguien le grita desde las gradas «Roger, sigues siendo el mejor». Y Federer se queda por unos interminables segundos en silencio, sin poder decir una palabra y rompe a llorar de forma desconsolada. Nadal se queda atónito ante la situación y tras recibir la copa de manos de Laver se acerca al tenista suizo para cuchichear algo al oído y abrazarle con respeto y cariño. Después coge el micrófono y hace un reconocimiento público hacia su rival.

—Se que hoy estás un poco dolido. Pero estoy seguro de que ganarás más de 14 Grand Slams. Tú eres uno de los mejores tenistas de la historia y para mí es un gran honor jugar contra ti. Te deseo lo mejor para el resto de la temporada— le dice a Federer que con la mirada agradece sus palabras. Nadal recibe una estruendosa ovación, después posa para más de un centenar de fotógrafos mordiendo la copa y se va al vestuario. Está agotado.

Desde el palco de los familiares de jugadores Toni tampoco ha podido ocultar su emoción cuando Federer se ha puesto a llorar como un niño. «Ha sido duro. No me gusta ver llorar a nadie. Se me ha hecho un nudo en la garganta verle en ese estado. A Roger le tengo mucho respeto como jugador y aprecio como persona pero es lo que tiene el deporte, la gente se lo pasa bien a costa de que otro pierda» dice el técnico mallorquín a los periodistas antes de ir a ver a su sobrino al vestuario. Nadal le está esperando para celebrarlo en la intimidad. Le abraza cuando le ve.

—Me ha ido muy bien todo lo que me has dicho. Sin ti no hubiera ganado—le dice agradecido.

Y Toni para romper la emoción del momento le recuerda que se ha olvidado de seguir la broma que hizo Moyà cuando tras perder la final de 1997 contra Sampras se despidió del público diciendo: «Hasta luego, Lucas».

Nadal tenía previsto responder a su amigo si ganaba el título y decir: «Lucas ya está aquí». Pero lo descartó.

—Vi a Federer tan destrozado que creí que no era el momento de hacer bromas. Preferí no decir nada.

Dos semanas después de la victoria en Australia, Nadal puede descansar al fin. Son las nueve de la mañana en Manacor cuando Rafael empieza a cargar la bolsa de sus palos de golf en el maletero de su reluciente y plateado Aston Martin DBS 007. Un capricho que se ha regalado por sus éxitos. Se enamoró del coche al verlo en la película Casino Royale de James Bond. Es domingo. La gente sale de la misa matinal, mientras Nadal espera la llegada de su padre, Sebastià, y sus tíos Miquel Àngel y Toni. Han quedado para jugar en el Pula Golf, un club situado en Son Servera y que tiene unas bonitas vistas a la bahía de Cala Millor. Hacía tiempo que no podían jugar juntos una partida.

El día es espléndido. Hace buena temperatura cuando salen al campo. Durante la partida hablan de sus cosas y, como no, de esos increíbles 12 meses que Rafael ha vivido.

—Ha sido mi mejor año, la temporada de mi vida. Nunca hubiera imaginado que en un año podría amontonar tantas victorias: Roland Garros, Wimbledon, la medalla de oro, el número uno y ahora el triunfo en Australia. —afirma contundente Nadal, mientras se prepara ya para tomar la salida en el hoyo 1, un par 4 de 390 metros, muy recto, que concluye con un green bien protegido por un amplio bunker. Ha elegido un hierro 3 para tomar la salida, renunciando a la madera. Le da más seguridad y prefiere sacrificar algunos metros.

—Ni en el mejor de mis sueños habría pensado que un día podríamos hablar de algo así. Será difícil que puedas repetirlo. Aún se me pone la piel de gallina cuando recuerdo tu triunfo en Wimbledon. Fue impresionante. Allí lograste lo más difícil— le dice su padre Sebastià admirado. Él no juega a golf, pero le gusta caminar con sus hermanos y su hijo y hacerles de caddie. Todos se ríen.

Rafael coge el hierro, cierra bien su mano y la encaja con la otra en el grip. Hace un swing casi de profesional. Lanza la varilla metálica a gran velocidad y la bola sale disparada hacia el aire, diseñando una gran parábola hasta caerse a lo lejos, a más de 215 metros en el centro de la calle. El golpe ha sido brillante. El par es posible.

—Caray, buen golpe—, suelta Miquel Àngel. Y cuando ya todo el grupo camina hacia la bola, Rafael le da unas palmadas en la espalda a su tío Toni. Es evidente que le quiere y le respeta.

—¿Tú te imaginabas algo así?— Le pregunta.

—Bueno, para tener 22 años no está mal lo que has hecho—le dice con su habitual sarcasmo y seguramente pensando ya en nuevos objetivos aunque no se lo dice.

Miquel Àngel aprovecha el momento para preguntarle a Toni a qué nivel pondría en la historia del tenis mundial a Rafael. El campeón le escucha también muy atento.

—Bueno, antes de ganar en Australia le ponía al nivel de campeones como Wilander, Edberg, Becker o Agassi, ahora está en el camino de luchar para entrar en un grupo en el que estarían Connors, McEnroe, Lendl y Emerson pero aún sigue lejos de los mejores que para mí son Sampras, Federer, Laver y Borg.

—Pues nos queda mucha cuerda y mucho trabajo—responde Rafael mientras le guiña un ojo.

Todos se ríen. Entre ellos hay una complicidad indestructible. Juntos pueden alcanzar nuevos objetivos. Pero saben que la carrera profesional de Rafael ya está definida. Son una familia y se necesitan. En ese sentimiento tan íntimo es donde radica realmente su fuerza. La aventura sigue para ese niño que un día, con sólo tres años, sorprendió a Toni cuando le vio golpear a la bola con la raqueta que acababa de regalarle. Desde entonces todos han creído en él y le han ayudado a convertirse en uno de los tenistas más grandes de la historia.

BIOGRAFÍA DEPORTIVA

Rafael Nadal Parera, nacido el 3 de junio de 1986 en Manacor (1,85 metros de altura y 80 kg de peso). Padres: Ana Maria y Sebastià. Hermana: Maribel.

Es sobrino del futbolista internacional y campeón de la Copa de Europa con el FC Barcelona, Miquel Àngel Nadal.

Juega al tenis con la mano izquierda y golpea el revés a dos manos, aunque en la vida cotidiana es diestro. Entró en una pista por primera vez a los 3 años y desde ese momento su tío Toni Nadal ha dirigido su formación deportiva como entrenador y guía infatigable. A los 12 años se decantó definitivamente por el tenis después de hacer sus pinitos como futbolista en el Olímpic Manacor, donde, en una temporada, llegó a marcar cien goles. A los 15 años logró su primera victoria en el circuito profesional de tenis ATP en el torneo de Mallorca. A los 17 años se convierte en el tenista más joven en alcanzar la tercera ronda en Wimbledon, después del alemán Boris Becker (1984). A finales de año es el tenista más joven en estar clasificado entre los cien primeros del mundo después del estadounidense Michael Chang (1988). A los 18 años gana su primer título profesional ATP (Sopot, Polonia) y se convierte en el campeón más joven de la historia de la Copa Davis, ganando a Andy Roddick en la final España-EE UU, disputada en Sevilla. A los 19 años gana su primer Grand Slam en Roland Garros ante el argentino Mariano Puerta (2005) y su primer torneo en pistas de cemento en la final del Masters Series de Montreal ante el estadounidense Andre Agassi. A esa edad se coloca número 2 del mundo, una posición que mantendrá durante 154 semanas seguidas.

A los 20 alcanza por primera vez la final de Wimbledon (2006).

A los 21 años establece el récord de partidos consecutivos ganados sobre tierra batida con 81 victorias seguidas desde el 8 de abril de 2005. En ese periodo de tiempo conquista 13 títulos de tierra y se convierte en el primer jugador de la historia del tenis mundial que gana tres veces seguidas los torneos de Montecarlo, Barcelona, Roma y Roland Garros.

A los 22 años conquista su cuarto Roland Garros seguido e iguala el récord que tenía el sueco Bjorn Borg. Dos semanas después gana por primera vez el torneo de Wimbledon ante Roger Federer y se convierte en el tercer tenista del tenis moderno (desde 1968) que consigue el doblete París-Londres (tierra-hierba) junto a Bjorn Borg y el australiano Rod Laver. Posteriormente gana la primera medalla de oro del tenis español en los Juegos Olímpicos de Pekín y el 18 de agosto de 2008 alcanza el primer puesto del ránking mundial con 6.700 puntos. El 24 de octubre de 2008 recibe el Premio Príncipe de Asturias del Deporte. El 1 de febrero de 2009 conquista por primera vez el Abierto de Australia ante Federer y se convierte en el jugador más joven de la historia con seis títulos de Grand Slam por delante de Borg que a su misma edad había ganado cinco. Este año se convierte en el tenista español que más torneos ha ganado en el circuito ATP con 33 títulos, de momento uno más que Manuel Orantes.

TODOS SUS ÉXITOS

1994
Campeón alevín de Baleares (a los 8 años).

1997
Campeón de España alevín.

1998
Campeón de España alevín individual y de dobles.
Campeón alevín del Master Internacional *Nike Junior Tour* en Stuttgart, Alemania.

1999
Campeón de España infantil de dobles.
Campeón del torneo internacional sub-13 *TIM '91* en Francia.

Campeón infantil del Master Internacional *Nike Junior Tour* en Barcelona.

Campeón infantil de los torneos nacionales *Match Sport* y *McDonald's*.

2000

Campeón Mundial *Les Petites As* (Tarbes, Francia), 12 a 14 años.

Campeón del Master Europeo infantil en Prato, Italia.

Campeón infantil de los Master Nacional e Internacional *Nike Junior Tour* en Sudáfrica, siendo el primer jugador mundial en alcanzar tres títulos consecutivos en esta competición.

Campeón de España infantil individual y de dobles.

Campeón del trofeo nacional *Sport Goofy*, individual y dobles.

Campeón infantil de Baleares.

Campeón infantil del trofeo nacional *Sprinter*, en Alicante.

Campeón del mundo infantil *World YouthCup* por equipos en la República Checa, con España.

2001

Campeón cadete del trofeo nacional *J'Hayber*.

Campeón de dobles de España júnior (con Tomeu Salvà).

2002 (**Ranking ATP:** 762)

Semifinalista júnior en Wimbledon.

Campeón de Cataluña cadete.

Campeón del mundo cadete, trofeo *Junior Davis Cup* por equipos con España.

Campeón de Europa cadete, trofeo *Borotra Cup* por equipos con España.

Campeón de Europa *Indoor* cadete, trofeo *Winter Cup* por equipos con España.

Campeón Futures Alicante

Gana a   Fornell, Marc (España)   7-5 3-6 6-3

Campeón Futures Vigo

Gana a   Pastorino, Antonio (Argentina)   4-6 7-6(7-4) 6-4

Campeón Futures Barcelona
Gana a   Fornell, Marc (España)   6-3 6-4

Campeón Futures Barcelona
Gana a   García-López, Guillermo (España)   6-3 7-6(7-1)

Campeón Futures Gran Canaria
Gana a   Fornell, Marc (España)   6-2 6-3

Campeón Futures Gran Canaria
Gana a   Mayer, Florian (Alemania)   7-6(7-3) 6-4

Primera victoria en el circuito profesional ATP, en el torneo de Mallorca (España)
Gana a   Delgado, Ramón (Paraguay)   6-4 6-4

2003 (Ranking ATP: 238)
Campeón Challenger Barletta (Italia)
Gana a   Portas, Albert (España)   6-2 7-6(7-2)

Campeón Challenger Segovia (España)
Gana a   Zib, Tomas (R. Checa)   6-2 7-6(7-1)

Campeón de dobles en Umag (con Alex López Morón)
Ganan a   Perry, Todd (Australia)/Shimada,
Thomas (Japón)   6-1 6-3

Finalista en los torneos Challenger de Hamburgo (Alemania), Cherbourg (Francia), Cagliari (Italia) y Aix-en-Provence (Francia).
Finalista campeonato absoluto de España.

2004 (Ranking ATP: 48)
Campeón de Copa Davis: España-EE UU 3-1

Campeón en Sopot (Polonia)

Rondas	Rival	Ranking ATP	Resultado
1.ª ronda	Hanescu, Victor (Rumanía)	88	6-4 6-4
Octavos	Di Pasquale, Arnaud (Francia)	272	6-2 6-4
Cuartos	Squillari, Franco (Argentina)	154	6-3 6-4
Semifinal	Mantilla, Fèlix (España)	110	7-5 6-1
Final	Acasuso, Jose (Argentina)	105	6-3 6-4

Finalista en Auckland

Pierde con	Hrbaty, Dominik (Eslovaquia)		4-6 6-2 7-5

Campeón de dobles Chennai (con Tommy Robredo)

Ganan a	Erlich, Jonathan (Israel)		7-6(7-3) 4-6 6-3
	Ram, Andy (Israel)		

2005 (Ranking ATP: 50)

Campeón Costa Do Sauipe (Brasil)

Rondas	Rival	Ranking ATP	Resultado
1.ª ronda	Acasuso, Jose (Argentina)	55	7-6(7-1) 6-3
2.ª ronda	Calatrava, Alex (España)	86	6-3 6-3
Cuartos	Calleri, Agustín (Argentina)	60	6-2 6-7(5-7) 6-4
Semifinal	Mello, Ricardo (Brasil)	56	2-6 6-2 6-4
Final	Martin, Alberto (España)	61	6-0 6-7(2-7) 6-1

Campeón en Acapulco (México)

Rondas	Rival	Ranking ATP	Resultado
1.ª ronda	Calatrava, Alex (España)	81	6-4 6-4
2.ª ronda	Ventura, Santiago (España)	77	7-6 6-2
Cuartos	Canas, Guillermo (Argentina)	12	7-5 6-3
Semifinal	Puerta, Mariano (Argentina)	74	6-4 6-1
Final	Montañés, Albert (España)	95	6-1 6-0

Campeón Masters Series de Montecarlo (Mónaco)

Rondas	Rival	Ranking ATP	Resultado
1.ª ronda	Monfils, Gael (Francia)	106	6-3 6-2
2.ª ronda	Malisse, Xavier (Bélgica)	38	6-0 6-3
3.ª ronda	Rochus, Olivier (Bélgica)	42	6-1 6-2

Cuartos	Gaudio, Gastón (Argentina)	6	6-3 6-0
Semifinal	Gasquet, Richard (Francia)	101	6-7(8-6) 6-4 6-3
Final	Coria, Guillermo (Argentina)	9	6-3 6-1 0-6 7-5

Campeón Barcelona (España)

Rondas	Rival	Ranking ATP	Resultado
1.ª ronda	Muller, Gilles (Luxemburgo)	64	6-0 6-2
2.ª ronda	Hrbaty, Dominik (Eslovaquia)	25	6-1 6-2
Cuartos	Calleri, Agustín (Argentina)	99	6-2 3-0 retirado
Semifinal	Stepanek, Radek (R. Checa)	22	7-5 6-2
Final	Ferrero, Juan Carlos (España)	58	6-1 7-6(7-4) 6-3

Campeón Masters Series Roma (Italia)

Rondas	Rival	Ranking ATP	Resultado
1.ª ronda	Youzhny, Mikhail (Rusia)	26	6-0 6-2
2.ª ronda	Hanescu, Victor (Rumanía)	85	6-1 6-1
3.ª ronda	Cañas, Guillermo (Argentina)	13	6-3 6-1
Cuartos	Stepanek, Radek (R. Checa)	17	5-7 6-1 6-1
Semifinal	Ferrer, David (España)	25	4-6 6-4 7-5
Final	Coria, Guillermo (Argentina)	11	6-4 3-6 6-3 4-6 7-6(8-6)

Campeón de Roland Garros

Rondas	Rival	Ranking ATP	Resultado
1.ª ronda	Burgsmuller, Lars (Alemania)	96	6-1 7-6(4) 6-1
2.ª ronda	Malisse, Xavier (Bélgica)	46	6-2 6-2 6-4
3.ª ronda	Gasquet, Richard (Francia)	31	6-4 6-3 6-2
Octavos	Grosjean, Sebastien (Francia)	24	6-4 3-6 6-0 6-3
Cuartos	Ferrer, David (España)	21	7-5 6-2 6-0
Semifinal	Federer, Roger (Suiza)	1	6-3 4-6 6-4 6-3
Final	Puerta, Mariano (Argentina)	37	6-7(6-8) 6-3 6-1 7-5

Campeón Bstaad (Suecia)

Rondas	Rival	Ranking ATP	Resultado
1.ª ronda	Monaco, Juan (Argentina)	66	6-1 6-1
2.ª ronda	Martin, Albert (España)	50	6-2 6-4

Cuartos	Ferrero, Juan Carlos (España)	31	6-3 6-3
Semifinal	Robredo, Tommy (España)	20	6-3 6-3
Final	Berdych, Tomas (R. Checa)	42	2-6 6-2 6-4

Campeón Stuttgart (Alemania)

Rondas	Rival	Ranking ATP	Resultado
2.ª ronda	Armando, Hugo (EE UU)	167	6-1 6-2
3.ª ronda	Verdasco, Fernando (España)	58	6-3 6-2
Cuartos	Zib, Tomas (R. Checa)	57	6-2 6-1
Semifinal	Nieminen, Jarkko (Finlandia)	66	6-2 7-5
Final	Gaudio, Gastón (Argentina)	13	6-3 6-3 6-4

Campeón Masters Series Montreal (Canadá)

Rondas	Rival	Ranking ATP	Resultado
1.ª ronda	Moya, Carlos (España)	32	6-3 6-7 6-3
2.ª ronda	Mello, Ricardo (Brasil)	56	6-1 6-2
3.ª ronda	Grosjean, Sebastien (Francia)	34	6-4 6-4
Cuartos	Puerta, Mariano (Argentina)	11	6-3 6-1
Semifinal	Mathieu, Paul-Henri (Francia)	63	6-4 7-5
Final	Agassi, André (EE UU)	7	6-3 4-6 6-2

Campeón Pekín (China)

Rondas	Rival	Ranking ATP	Resultado
1.ª ronda	Wang, Yeu-Tzuoo (Taipé)	100	6-2 6-4
2.ª ronda	Gimelstob, Justin (EE UU)	95	5-7 6-4 6-4
Cuartos	Wessels, Peter (Holanda)	115	7-6(7-3) 6-2
Semifinal	Ferrero, Juan Carlos (España)	23	6-4 6-4
Final	Coria, Guillermo (Argentina)	8	5-7 6-1 6-2

Campeón Masters Series Madrid (España)

Rondas	Rival	Ranking ATP	Resultado
2.ª ronda	Hanescu, Victor (Rumanía)	42	7-6(7-5) 6-3
Octavos	Robredo, Tommy (España)	17	6-2 6-4
Cuartos	Stepanek, Radek (R. Checa)	14	7-6(13-11) 6-4
Semifinal	Ginepri, Robby (EE UU)	21	7-5 7-6(7-1)
Final	Ljubicic, Ivan (Croacia)	12	3-6 2-6 6-3 6-4 7-6(7-3)

Finalista Masters Series Miami (EE UU)

Pierde   con Federer, Roger (Suiza)   2-6 6-7 (7-4) 7-6 (7-5) 6-3 6-1

Campeón dobles Doha (con Albert Costa)
Ganan a   Pavel, Andrei (Rumanía)Youzhny, 6-3 4-6 6-3
     Mikhail (Rusia)

2006 (**Ranking ATP:** 2)
Campeón Dubai

Rondas	Rival	Ranking ATP	Resultado
1.ª ronda	Mathieu, Paul-Henri (Francia)	34	6-7(7-5) 6-1 6-2
2.ª ronda	El Aynaoui, Younes (Marruecos)	211	retirado
Cuartos	Henman, Tim (Gran Bretaña)	49	7-6(7-1) 6-1
Semifinal	Schuettler, Rainer (Alemania)	98	6-4 6-2
Final	Federer, Roger (Suiza)	1	2-6 6-4 6-4

Campeón Masters Series Montecarlo (Mónaco)

Rondas	Rival	Ranking ATP	Resultado
1.ª ronda	Clement, Arnaud (Francia)	56	6-4 6-4
2.ª ronda	Lisnard, Jean-Rene (Mónaco)	154	6-4 6-1
3.ª ronda	Vliegen, Kristof (Bélgica)	57	6-3 6-3
Cuartos	Coria, Guillermo (Argentina)	9	6-2 6-1
Semifinal	Gaudio, Gastón (Argentina)	8	5-7 6-1 6-1
Final	Federer, Roger (Suiza)	1	6-2 6-7(7-2)
			6-3 7-6(7-5)

Campeón Barcelona (España)

Rondas	Rival	Ranking ATP	Resultado
2.ª ronda	López, Feliciano (España)	38	6-4 6-2
3.ª ronda	Navarro Pastor, Ivan (España)	164	6-4 6-2
Cuartos	Nieminen, Jarkko (Finlandia)	20	4-6 6-4 6-3
Semifinal	Almagro, Nicolás (España)	57	7-6(2) 6-3
Final	Robredo, Tommy (España)	15	6-4 6-4 6-0

Campeón Masters Series de Roma (Italia)

Rondas	Rival	Ranking ATP	Resultado
1.ª ronda	Moya, Carlos (España)	33	6-1 2-6 6-2
2.ª ronda	Volandri, Filippo (Italia)	46	6-1 6-2
3.ª ronda	Henman, Tim (Gran Bretaña)	70	6-2 6-2
Cuartos	Gonzalez, Fernando (Chile)	9	6-4 6-3
Semifinal	Monfils, Gael (Francia)	35	6-2 6-2
Final	Federer, Roger (Suiza)	1	6-7 7-6(7-5) 6-4 2-6 7-6(7-5)

Campeón de Roland Garros

Rondas	Rival	Ranking ATP	Resultado
1.ª ronda	Soderling, Robin (Suecia)	50	6-2 7-5 6-1
2.ª ronda	Kim, Kevin (EE UU)	116	6-2 6-1 6-4
R32	Mathieu, Paul-Henri (Francia)	32	5-7 6-4 6-4 6-4
Octavos	Hewitt, Lleyton (Australia)	14	6-2 5-7 6-4 6-2
Cuartos	Djokovic, Novak (Serbia)	63	6-4 6-4
Semifinal	Ljubicic, Ivan (Croacia)	4	6-4 6-2 7-6(9-7)
Final	Federer, Roger (Suiza)	1	1-6 6-1 6-4 7-6(7-4)

Finalista en Wimbledon

Pierde con	Federer, Roger (Suiza)		0-6 6-7(5-7) 7-6(7-2) 3-6

2007 (Ranking ATP: 2)
Campeón Masters Series Indian Wells (Estados Unidos)

Rondas	Rival	Ranking ATP	Resultado
1.ª ronda	Arnaud Clement (Francia)	53	6-3 7-6 (7-3)
2.ª ronda	Fernando Verdasco (España)	33	6-4 6-4
Octavos	Juan Carlos Ferrero (España)	23	6-1 6-1
Cuartos	Juan Ignacio Chela (Argentina)	31	7-5 7-5
Semifinales	Andy Roddick (Estados Unidos)	3	6-4 6-3
Final	Novak Djokovic (Serbia)	13	6-2 7-5

Campeón Masters Series Montecarlo (Mónaco)

Rondas	Rival	Ranking ATP	Resultado
1.ª ronda	Juan Ignacio Chela (Argentina)	22	6-3 6-1
Octavos	Kristof Vliegen (Bélgica)	52	6-1 6-1
Cuartos	Philipp Kohlschreiber (Alemania)	59	6-2 6-3
Semifinales	Tomas Berdych (R. Checa)	14	6-0 7-5
Final	Roger Federer (Suiza)	1	6-4 6-4

Campeón Barcelona (España)

Rondas	Rival	Ranking ATP	Resultado
1ª ronda	Pasa sin jugar		
2.ª ronda	Kristof Vliegen (Bélgica)	53	6-1 6-2
Octavos	Thomas Johansson (Suecia)J	73	6-1 6-4
Cuartos	Potito Starace (Italia)	72	6-2 7-5
Semifinal	David Ferrer (España)	16	7-5 6-1
Final	Guillermo Cañas (Argentina)	28	6-3 6-4

Campeón Masters Series Roma (Italia)

Rondas	Rival	Ranking ATP	Resultado
1.ª ronda	Daniele Bracciali (Italia)	125	6-4 6-2
Octavos	Mijail Youzhny (Rusia)	16	6-2 6-2
Cuartos	Novak Djokovic (Serbia)	5	6-2 6-3
Semifinales	Nikolay Davydenko (Rusia)	4	7-6(3) 6-7(8-10) 6-4
Final	Fernando Gonzalez (Chile)	6	6-2 6-2

Campeón Roland Garros (Francia)

Rondas	Rival	Ranking ATP	Resultado
1.ª ronda	Juan Martín Del Potro (Argentina)	59	7-5 6-3 6-2
2.ª ronda	Flavio Cipolla (Italia)	227	6-2 6-1 6-4
3ª ronda	Albert Montañés (España)	50	6-1 6-3 6-2
Octavos	Lleyton Hewitt (Australia)	16	6-3 6-1 7-6(7-5)
Cuartos	Carlos Moya (España)	26	6-4 6-3 6-0
Semifinales	Novak Djokovic (Serbia)	6	7-5 6-4 6-2
Final	Roger Federer (Suiza)	1	6-3 4-6 6-3 6-4

Campeón de Stuttgart (Alemania)

Rondas	Rival	Ranking ATP	Resultado
1.ª ronda	Alexander Waske (Alemania)	135	6-1 6-1
Octavos	Philipp Kohlschreiber (Alemania)	37	6-3 6-3
Cuartos	Juan Mónaco (Argentina)	29	6-1 6-3
Semifinales	Feliciano López (España)	84	6-1 7-5
Final	Stanislas Wawrinka (Suiza)	50	6-4 7-5

Finalista del Masters Series de Hamburgo (Alemania)

Pierde con	Roger Federer (Suiza)	1	6-2 2-6 0-6

*** Acaba una racha de 81 partidos consecutivos sin perder en tierra desde el 8 de abril del 2005.

Finalista en Wimbledon (Gran Bretaña)

Pierde con	Roger Federer (Suiza)	1	6-7(7-9) 6-4 6-7(3-7) 6-2 2-6

Finalista del Masters Series de París (Francia)

Pierde con	David Nalbandian (Argentina)	21	4-6 0-6

2008 (Ranking ATP: 2)
Campeón Masters Series de Montecarlo (Mónaco)

Rondas	Rival	Ranking ATP	Resultado
1.ª ronda	Pasa sin jugar		
2.ª ronda	Mario Ancic	55	6-0 6-3
Octavos	Juan Carlos Ferrero (España)	24	6-4 6-1
Cuartos	David Ferrer (España)	5	6-1 7-5
Semifinal	Nikolay Davydenko (Rusia)	4	6-3 6-2
Final	Roger Federer (Suiza)	1	7-5 7-5

Campeón dobles de Montecarlo (Mónaco) con Tommy Robredo
Ganan en la final a Mahes Bhupathi (India) y Mark Knowles (Bahamas) por 6-3 y 6-3

Campeón de Barcelona (España)

Rondas	Rival	Ranking ATP	Resultado
1.ª ronda	Pasa sin jugar		
2.ª ronda	Potito Starace (Italia)	45	6-4 6-2
Octavos	Feliciano López (España)	35	6-4 6-3
Cuartos	Juan Ignacio Chela (Argentina)	37	6-4 6-2
Semifinal	Denis Gremelmayr (Alemania)	85	6-1 6-0
Final	David Ferrer (España)	5	6-1 4-6 6-1

Campeón Masters Series de Hamburgo (Alemania)

Rondas	Rival	Ranking ATP	Resultado
1.ª ronda	Pasa sin jugar		
2.ª ronda	Potito Starace (Italia)	47	6-4 7-6(8-6)
Octavos	Andy Murray (Gran Bretaña)	14	6-3 6-2
Cuartos	Carlos Moyà (España)	12	6-1 6-3
Semifinal	Novak Djokovic (Serbia)	3	7-5 2-6 6-2
Final	Roger Federer (Suiza)	1	7-5 6-7(3-7) 6-3

Campeón de Roland Garros (Francia)

Rondas	Rival	Ranking ATP	Resultado
1.ª ronda	Thomaz Bellucci (Brasil)	76	7-5 6-3 6-1
2.ª ronda	Nicolás Devilder (Francia)	148	6-4 6-0 6-1
3ª ronda	Jarkko Nieminen (Finlandia)	26	6-1 6-3 6-1
Octavos	Fernando Verdasco (España)	23	6-1 6-0 6-2
Cuartos	Nicolás Almagro (España)	20	6-1 6-1 6-1
Semifinal	Novak Djokovic (Serbia)	3	6-4 6-2 7-6(7-3)
Final	Roger Federer (Suiza)	1	6-1 6-3 6-0

Campeón de Queen's (Gran Bretaña)

Rondas	Rival	Ranking ATP	Resultado
1.ª ronda	Pasa sin jugar		
2.ª ronda	Jonas Bjorkman (Suecia)	102	6-2 6-2
Octavos	Kei Nishikori (Japón)	113	6-4 3-6 6-3
Cuartos	Ivo Karlovic (Croacia)	22	6-7(7-5)7-6(7-5) 7-6(7-4)
Semifinal	Andy Roddick (Estados Unidos)	6	7-5 6-4
Final	Novak Djokovic (Serbia)	3	7-6(7-6)7-5

Campeón de Wimbledon (Gran Bretaña)

Rondas	Rival	Ranking ATP	Resultado
1.ª ronda	Andreas Beck (Alemania)	122	6-4 6-4 7-6 (9-7)
2.ª ronda	Ernets Gulbis (Letonia)	48	5-7 6-2 7-6(7-2) 6-3
3ª ronda	Nicolás Kiefer (Alemania)	32	7-6(7-3) 6-2 6-3
Octavos	Mijail Youhzny (Rusia)	17	6-3 6-3 6-1
Cuartos	Andy Murray (Gran Bretaña)	11	6-3 6-2 6-4
Semifinal	Rainer Schuettler (Alemania)	94	6-1 7-6(7-3) 6-4
Final	Roger Federer (Suiza)	1	6-4 6-4 6-7(7-5) 6-7(8-10) 9-7

Campeón Masters Series de Montreal (Canadá)

Rondas	Rival	Ranking ATP	Resultado
1.ª ronda	Pasa sin jugar		
2.ª ronda	Jeese Levine (Estados Unidos)	123	6-4 6-2
Octavos	Igor Andreev (Rusia)	26	6-2 7-6(7-1)
Cuartos	Richard Gasquet (Francia)	12	6-7(12-14) 6-2 6-1
Semifinal	Andy Murray (Gran Bretaña)	9	7-6(7-2) 6-3
Final	Nicolás Kiefer (Alemania)	37	6-3 6-2

Medalla de oro Juegos Olímpicos Pekín 2008 (China)

Rondas	Rival	Ranking ATP	Resultado
1.ª ronda	Potito Starace (Italia)	74	6-2 3-6 6-2
2.ª ronda	Lleyton Hewitt (Australia)	38	6-1 6-2
Octavos	Igor Andreew (Rusia)	23	6-4 6-2
Cuartos	Jurgen Melzer (Austria)	51	6-0 6-4
Semifinal	Novak Djokovic (Serbia)	3	6-4 1-6 6-4
Final	Fernando González (Chile)	15	6-3 7-6(2) 6-3

*** 18 de agosto de 2008
Alcanza por primera vez el número 1 del mundo del circuito ATP

Finalista del Masters Series de Miami (Estados Unidos)
Pierde con Nikolay Davydenko (Rusia)   4   4-6 2-6

Finalista de Chennai (India)
Pierde con   Mijail Youzhny (Rusia)   19   0-6 1-6

2009 (Ranking ATP: 1)
Campeón en dobles de Doha (Qatar) con Marc López
Ganan en la final a Daniel Nestor (Canada) y Nenad Zimonjic (Serbia) por 4-6, 6-4 y 10-8

Campeón del Abierto de Australia

Rondas	Rival	Ranking ATP	Resultado
1.ª ronda	Christophe Rochus (Bélgica)	75	6-0 6-2 6-2
2.ª ronda	Roko Karanusic (Croacia)	92	6-2 6-3 6-2
3ª ronda	Tommy Haas (Alemania)	79	6-4 6-2 6-2
Octavos	Fernando González (Chile)	14	6-3 6-2 6-4
Cuartos	Gilles Simon (Francia)	8	6-2 7-5 7-5
Semifinal	Fernando Verdasco (España)	15	6-7(4-7) 6-4 7-6 (7-2) 6-7(1-7) 6-4
Final	Roger Federer (Suiza)	2	7-5 3-6 7-6(7-3) 3-6 6-2

Campeón Masters 1000 Indian Wells (Estados Unidos)

Ronda	Rival	Ranking ATP	resultado
1.ª ronda	Exento		
2.ªronda	Michael Berrer (Alemania)	109	6-2 6-1
Octavos	David Nalbandian (Argentina)	15	6-3 6-7 (5-7) 6-0
Cuartos	Juan Martín Del Potro (Argentina)	6	6-3 6-2
Semifinales	Andy Roddick (Estados Unidos)	7	6-4 7-6 (7-5)
Final	Andy Murray (Escocia)	4	6-1 6-2

Finalista del torneo de Rotterdam (Holanda)
Pierde con   AndyMurray (Escocia)   4   3-6 6-4 0-6